本书获陕西师范大学"211 工程"出版资助

中国出版企业
资本运营研究

代杨 著

中国社会科学出版社

图书在版编目(CIP)数据

中国出版企业资本运营研究/代杨著 . —北京：中国社会科学出版社，
2016.5

ISBN 978 - 7 - 5161 - 1149 - 9

Ⅰ.①中… Ⅱ.①代… Ⅲ.①出版社—企业管理—资本经营—
研究—中国 Ⅳ.①G239.22

中国版本图书馆 CIP 数据核字(2012)第 144703 号

出 版 人	赵剑英
选题策划	刘 艳
责任编辑	刘 艳
责任校对	陈 晨
责任印制	戴 宽

出 版	中国社会科学出版社
社 址	北京鼓楼西大街甲 158 号
邮 编	100720
网 址	http://www.csspw.cn
发 行 部	010 - 84083685
门 市 部	010 - 84029450
经 销	新华书店及其他书店

印 刷	北京君升印刷有限公司
装 订	廊坊市广阳区广增装订厂
版 次	2016 年 5 月第 1 版
印 次	2016 年 5 月第 1 次印刷

开 本	710×1000 1/16
印 张	13.25
插 页	2
字 数	236 千字
定 价	48.00 元

目　录

1

序

罗 紫 初

出版业是文化产业的重要组成部分。在国外，出版产业已经得到了蓬勃发展，成为创意文化产业中的强势产业。据有关资料显示，早在五年前的美、英、德等国，出版业产值（包括纸质出版、电子出版和数字出版）已经占据该国国民增加值 4% 以上的比例。例如，在英国，经济贡献率（国名生产总值中国民增加值所占比例）最高的是软件、电脑游戏、电子出版（约占 3%）和出版（约占 1.5%）。英国出版业出口总值也很高，2006 年的出口额增长了 21 亿英镑，仅次于电子出版、计算机游戏、软件（2006 年其增长额为 49 亿英镑）。可见，英国的出版（包括电子出版）、计算机游戏和软件属于强势产业，在文化创意产业中具有举足轻重的地位。

创意文化产业被誉为 21 世纪的朝阳产业，集约化和规模化是其未来发展趋势。作为创意文化产业的重要组成部分，出版业将会成为一个具有更高资本门槛和规模效应的行业。我国出版企业如果要在短时间内做大做强，就需要重视资本的力量，实现生产经营与资本经营的结合，加速实现资本的扩张和产业规模的扩大。为此，加强出版企业的资本营运研究就显得十分必要。而在出版学研究领域，对出版企业资本营运进行系统研究的寥寥无几，真正有价值的成果还不多。代杨同志的新作《中国出版企业资本营运研究》的出版，可以说是为出版企业资本营运研究带来了勃勃生机。

作为作者攻读博士学位期间的指导教师，在本书正式付梓前，我有幸先睹了书稿，对其内容有了一个大致的了解。

该书从资本的自然属性和社会属性入手，探讨了我国出版企业资本运营的情况和特点，然后，运用经济学理论中的"基本条件——结构——行为——绩效"的研究思路，在分析出版企业性质的基础上，通过中外比较，发现我国出版企业资本运营中存在的问题，并提出了出版企业如何通过上市、并购和资产整合这三种主要的资本运营形式提高出版企业的经济水平和绩效的战略思路。

从总体上看，该书是一本具有新意的作品，与既往的研究成果相比，具有明显的深化开拓意义。

第一，选题具有前沿性和新颖性。出版在我国长期以来是以事业性为主要性质进行研究，强调的是社会效益，因而在管理和经营模式上主要以"文化事业单位"为基本定位。但是，随着市场经济的发展和文化体制改革的深入，出版业也正在经历着巨大的变革，出版单位由事业性向现代企业性的转变已成为趋势，其企业化、市场化、集团化的趋势日益明显。因此，注重出版企业资本运营研究为我国出版企业如何有效利用资本、争取更大更好的经济效益，显然是重大课题。但是，国内关于出版企业资本运营的专著及论文为数不多，本书的选题可谓适逢其令，显示出作者敏锐的眼光和强烈的时代意识，故选题具有前沿性和新颖性。

第二，观点明确，切合实际。前些年曾经有过一个研究，当我国经济增长速度低于7%或者6%的时候，我们大部分企业是亏损的，整个国民经济是不赢利的。而美国的经济、发达国家的经济增长1%、2%、3%是一个常态，企业也可以赢利。为什么？因为我国的企业主要靠要素的投入和市场容量快速扩张实现经济增长。我们不是在市场需求增长放慢以后靠技术进步提高生产率来赢利，所以我们会面临着一种生产方式的转变。出版业也不例外，目前正面临着从传统出版向数字出版转型的"阵痛"阶段。本书指出，资本运营要能促进生产运营，出版企业应该利用资本的力量推动数字出版业务的发展，实现出版生产方式的转变，增强出版企业核心竞争力。这一主要观点及相关的具体论述，都能言之有理，且切中时弊。尤其是作者能在比较的视野下，根据国情吸收国外的成功经验又认识到自身独特的价值属性，表现出独特而稳妥的发展性眼光与思路，对我国出版企业的转型、重组等诸多重大问题，都有积极的启发意义和借鉴价值。

第三，理论结合实践较紧，材料翔实。作者综合运用出版学与经济学特别是新制度经济学的理论与方法，在分析出版企业性质的基础上，着重研究上市、并购和资产整合等三种主要形式的资本运营方式在出版业中的运用，并辅以国内外案例分析，有效地支撑了其论点。在研究广度上，举凡国内外有代表性的资本运营案例基本都被纳入研究视野，具有广泛性和针对性。在研究深度上，对我国出版企业上市及资产整合的分析较为深入，并在经营业务调整方面提出较好的措施，有一定的可操作性。

总之，虽然书中尚存在一些问题，或许有些内容还不太成熟，或许有些部分的论述也不太充分，但是，无论如何，对如此有难度的论题勇于涉足，大胆研究，其精神可贵。

此书的成功推出，意味着代杨同志为其攻读博士学位的过程画上了一个圆满的句号。考上博士生之前，代杨同志是因本科学习成绩优秀而被直接推荐免试攻读硕士学位的，其刻苦勤奋、扎实治学的形象早已深深地印在了我们出版学系师生们的心目中。无论是攻读硕士学位阶段，还是在博士生学习期内，代杨同志都始终如一地辛勤钻研，一步一个脚印地扎实登攀。功夫不负有心人，代杨同志终于用自己的坚强毅力和辛勤的汗水，凝练成了自己的第一本专著。我祝代杨同志以此为契机，继续在出版学的前沿深入探讨，不断地拿出自己的新作来！

Abstract

In recent years, the further opening of Chinese policies has led to a good environment in which publishing enterprises can conduct their capital operation more successfully. Publishing enterprises have good profitability and credibility, which can provide the essential support for the operation. At the premise of ensuring the absolute controlling interests by the state, a group of publishing enterprises have been restructured and reorganized. As a result, their co-operation has been becoming more regular. And the publishing capital begins to combine with the stock market to raise the financing fund. The internationalization is also speeding up.

Under such a background, the research on the capital operation of publishing enterprises has the practical significance and the theoretical significance. From the practical point of view, it is necessary for publishing enterprises to carry out the capital operation. It can not only develop enterprises themselves, but also can cope with the competition with the international media capital, and can optimize the allocation of publishing resources. From the theoretical point of view, the publishing enterprises' capital operation belongs to the research category of publishing economics. Speaking of the discipline development and the theory construction of the publication, a more sophisticated theoretical system of publishing economics has not yet been formed. The correlative theoretical research mostly pauses in the stage of the discipline system conception of the publishing economics and the basic category discussion. The publishing capital research is a weak link. The research on this issue which is done by many domestic scholars and foreign scholars exists insufficiency. Chinese scholars favor the theoretical research, but their research are not close to the practice of publishing enterprises' capital operation. The foreign scholars mostly begin their studies at the capital's natural quality. They have done the quantitative research to the capital operation with the economic theory and the media theory, but they have neglected to research the capital's social attribute.

In the view of these insufficiency, the book continues using the research mentality of the "basic condition-structure-behavior-achievements" that is from the modern economic theory. After analysing the nature of publishing enterprise, the book introduces the capital's natural quality and the social attribute, discusses the publishing enterprises' capital composition and their capital operation behavior characteristic. Going on the market, the merger and acquisition, and the assets integration are the three kinds of main forms of capital operation. So the book researches emphatically on the problem of how to enhance publishing enterprises' operation achievements by those threee main forms of capital operation. The research content of this thesis concentrates on the category of new system economics. At the same time, the book combines the theory closely with the practice of publishing industry in order to impel the development of the publication theory and provide the theoretical instruction to some extent for our publishing enterprises' capital operation practice. Under the premise of insisting on the principle of innovation, the book takes the basic economic theory of Marxism as the instruction, takes the dialectical materialism and historical materialism as the essential methods, and uses many concrete research techniques, such as normative analysis and empirical analysis, micro analysis and macro analysis and comparative analysis.

Under this research mentality instruction, the book is composed by six parts. That is the introduction, the research on the theories of publishing enterprises' capital operation, the research on the comparison of Chinese and foreign publishing enterprises' capital operation, the research on the publishing enterprises' going on the market, the research on the publishing enterprises' merger and acquisition, the research on the publishing enterprises' assets integration. The main contents of each part are as follows:

The first chapter: Introduction.

The publishing economy is an important component of the social economy. And the publishing enterprises' capital plays a more and more important role in the social capital market. Corresponding with the development of the publishing economy, the research on it has also gone forward step by step. Publishing enterprises' capital operation is an important research content in the studies of the publishing economics. It analyses the activity and the phenomenon of the publishing enterprises' capital operation and summaries the laws of publishing economic, so it has the vital practical significance and theory significance. This part discusses the concept of "publishing enterprises' capital operation", introduces the research background of the publishing enterprises' capital operation, narrates and comments the research conditions and the research tendency about this topic in and abroad, and then proposes the research mentality, the research content, the research methods and the innovation of the book.

The second chapter: Research on the theories of publishing enterprises' capital operation.

When researching the publishing enterprises' capital operation, we should regard the publishing enterprises as the main players in the market, put them in the macroscopic background of the social economy, and summarize its action laws by the basic publishing theory and the economic theory. This chapter elaborates the theories which are correlative with the publishing enterprises' capital operation in the academic history and the publication history in order to provide the theoretical backing for the following research and put the action of the publishing enterprises' capital operation into the vast theoretical background. The chapter carries on the rational analysis and the historical analysis of publishing enterprises' capital operation in our country backed by the capital operation theory, the financing theory and the propety right theory.

The third chapter: Research on the comparison of Chinese and foreign publishing enterprises' capital operation.

The capital operation started early in the foreign countries. The publishing enterprises abroad have the rich experience of capital operation. However, in our country, because of the system and environment, the publishing enterprises' capital operation is subject to certain limitations and is still at the exploration stage at present. This chapter compares the Chinese publishing enterprises' situation with foreign in capital operating conditions, operating mode and operating performance, and hopes to get some inspiration to improve the efficiency of our publishing enterprises' capital operation.

The fourth chapter: Research on the listed publishing enterprises.

The international publishing industry is transferring from the product management to the capital management. The strength of capital becomes an important elements that make publishing enterprises strong. Financing in the stock market can rapidly accumulate the capital which the publishing enterprises need. Therefore, listed to finance is a kind of capital operation mode which is used commonly by international publishing enterprises. With the development of stock market and publishing organizational reformation in our country, being listed publicly and trading shares will be an important mode of our publishing enterprises' capital operation. This chapter introduces the overview of the listed publishing enterprises in and abroad, analyses the reason why most of our publishing enterprises listed indirectly or wholly.

The fifth chapter: Research on the publishing enterprises' merger and acquisition.

In the capital market, the merger and the acquisition are important ways of enterprises' capital operation. Financing by going on the market is only the publishing enterprises' first step to the capital market. It is worth researching the problem of how to use the fund effectively. Many big international publishing enterprise groups are spend massive funds on mergering and acquisiting. They are carrying on those style to expand funds and to be stronger and bigger. This chapter introduces the overview of the publishing enterprises' merger and acquisition in and abroad, and analyses the motive of merger and acquisition, and points out how to circumvent the risk of merger and acquisition effectively.

The sixth chapter: Research on the publishing enterprises' assets integration.

The assets integration is the key to decide the success or failure of merger and acquisition. Its essence is the value integration. The merger, acquisition and the assets integration belong to the category of the assets reorganization. The assets reorganization usually takes place after the merger and acquisition. The enterprises' merger and acquisition can realize the expansion of extension, and the assets integration can realize the growth of connotation. They are complementing each other. Looking from the merger practice and acquisition and the profit condition of the domestic and foreign publishing enterprises, it is the trend of the future publishing enterprises that they will transform to the digital publication by mergering and acquisiting the new technology companies and integrating the digital publication property. This chapter emphatically researches the content of assets integrating which is after mergering and acquisiting, and discusses how to maximize the capital value of publishing enterprise by optimizing the capital structure, improving the corporate governance structure and adjusting the publishing business.

Keywords: Publishing Enterprise; Capital Operation; Culture Industry; Listed Company; Merger and Acquisition; Assets Integration.

导　论

　　2001 年我国加入 WTO 后，为了适应新形势下出版业发展的需要，国家在宏观政策层面逐渐放松并进一步规范对新闻出版资本运营的管理。

　　党的十四届六中全会决议强调："要适应社会主义市场经济的需要，建立规范、有效的融资机制，逐渐形成对精神文明建设多渠道投入的体制。"2001 年 1 月，在全国新闻出版局长会议上，有关方面首次指出："试点集团要注重在实现多渠道利用社会资金方面取得进展。"2001 年 8 月，中共中央办公厅和国务院办公厅联合颁发第 17 号文件，允许出版集团经营部门"吸收国有大型企事业单位的资金"。随后，新闻出版总署印发了《关于贯彻落实〈关于深化新闻出版广播影视业改革的若干意见〉的实施细则》的通知，消除了只允许国有资本投资出版的限制，允许各类资本参与出版经营，拓宽了出版企业资本运营的渠道。该通知规定："经中央宣传部和新闻出版总署批准，试点发行集团可吸收国有资本、非国有资本和境外资本，集团国有资本不低于 51%。"这样，私人资本和外资等非国有资本可以名正言顺地进入发行企业。

　　2002 年，全国新闻出版局长会议对出版企业的融资作出明确规定："根据事业的需要，出版集团经批准可以在新闻出版广播影视部门融资，其经营部门（报刊的印刷发行等）经批准可以以有限责任公司或股份有限公司的形式，由集团控股，吸收国有大型企事业单位的资金，但投资方不参与宣传业务和经营管理"，同时鼓励出版企业要"开辟安全有效的融资渠道，提高资本运作效率"。虽然政策的底线是编印分离，但是投资人进入经营的门槛已经很低。在这一政策的指导下，出版企业开始吸收国内其他社会资本在出版经营领域进行资本运营。

　　2005 年 8 月，国务院发布《关于非公有资本进入文化产业的若干决定》，允许非公有资本参股出版物印刷和发行以及出版单位的广告和发行。在这些文化企业中，国有资本必须控股51%以上，但是非公有资本不得投资设立和经营出版社，不得从事书报刊等文化产品进口业务。在这一政策背景下，出版企业加快了资本运营的步伐，积极吸收其他社会资本进入出版经营领域。

2008年新年伊始，胡锦涛总书记在全国政协新年茶话会上再次强调了党的十七大的精神，要求深化文化体制改革，加快发展文化事业和文化产业。在其后召开的全国出版工作会议中，中宣部部长刘云山明确指出深化出版业体制改革需要进一步解放思想。新闻出版总署署长柳斌杰在其报告中对2008年及今后一个时期的出版工作进行了全面部署，尤其强调了出版业需要加快各个层面的改革力度，特别是在资本运营方面，支持符合条件的出版发行企业通过上市的方式或者其他方式跨行业融资，培育我国出版传媒行业的战略投资者。

国家政策的进一步开放为出版企业开展资本运营创造了良好环境。再加上出版企业本身就具有良好的获利能力和信誉，这也为其开展资本运营提供了重要的保障。此外，我国出版业的利润率较高，是世界公认的潜力大、增长快、机会多、开发价值高的市场，具有极高的成长性和增值性，所以我国出版行业对社会资本有很大的吸引力。出版资本市场出现了令人难以想象的狂热，这主要表现在以下四个方面：

第一，在确保国家绝对控股的前提下，一批出版企业先后改制重组。2004年5月，水利部长江水利委员会联合委内有关单位，以参股方式组建长江出版社（武汉）有限公司，成为当时国内唯一一家以股份制形式组建的出版社。2007年1月，江苏新华发行集团兼并重组了海南新华书店，这是我国国有图书发行业首次实现跨地区合作。2007年11月，由原深圳发行集团和海天出版社整合组建而成的深圳出版发行集团正式宣告成立，成为目前内地出版业唯一集出版物生产、销售和多元文化产业发展为一体的企业实体。2007年12月，新闻出版总署原则上同意中国宋庆龄基金会与江西出版社总社共同合作将中国和平出版社重组并改制为中国和平出版社有限责任公司。江西出版集团重组中国和平出版社，不仅是我国出版业第一例真正意义上的跨地域兼并重组，而且也是首例地方出版集团对中央部委所属出版企业的重组改制。

第二，出版资本开始与证券市场结合进行筹资融资。一批与出版关联的公司相继上市，吸纳社会资金为自身的经营和发展服务。2007 年 5 月 30 日，四川新华文轩连锁股份有限公司在香港联合交易所正式挂牌上市，成为国内首家在港上市的图书发行企业。9 月，江苏新华发行集团重组改制上市方案得到中宣部、新闻出版总署和江苏省委、省政府批准，成为江苏首家上市文化企业。12 月 21 日，国内首家将编辑业务和经营业务整体上市的辽宁出版传媒股份有限公司在上海证券交易所上市。辽宁出版传媒作为中国出版传媒第一家上市公司后，将推动国内其他出版单位的上市工作。

第三，随着出版竞争的加剧，出版发行企业之间的合作更加频繁，既有中央级出版单位与地方的合作，也有地方与地方之间的合作，还有传统出版企业与数字公司的合作。例如，2008 年 1 月 10 日，中国出版集团与北京、陕西等七省市的 13 家大型书城在北京签约，宣布建立战略合作伙伴关系，"中国出版集团公司畅销书推广计划"和"中国出版集团公司常销书推荐计划"的推广成为双方合作的开始。2008 年 9 月 3 日，浙江省新华书店和山西省新华书店联手开展跨省连锁经营，这是继 5 月 9 日江苏新华书店和海南新华书店宣布跨省整体重组之后对新华书店固有格局的再次打破。2008 年 10 月 20 日，中文在线与湖北长江出版集团在"2008 年数字出版年会"上正式签署战略合作协议，这是传统出版企业与数字出版服务商的又一次合作。

第四，出版资本国际化的进程加快。在积极开展国内合作的同时，出版企业也加快了"走出去"的步伐。2008 年，虽然贝塔斯曼集团中国总部宣布停止上海贝塔斯曼文化实业有限公司在华的全部业务，中国贝塔斯曼书友会全线撤出中国市场，但是这并没有影响我国出版企业国际化的进程。2008 年 4 月 14 日，世界著名的施普林格（Springer）出版公司在北京与中国知网（CNKI）签署合作协议，中国知网将囊括施普林格的数据库出版内容，利用 CNKI 技术整合中外文知识信息，用户可以通过中国知网检索施普林格出版公司的学术文献。[①] 又如，继与美国哈佛商学院出版公司、英国牛津大学出版社、麦克米伦公司、托比·伊迪等欧美出版机构

---

① 计亚男：《中国知网数据库携手施普林格》，2008 年 9 月 4 日，光明网（http://www.gmw.cn/01gmrb/2008 - 04/19/content_ 763865.htm）。

建立战略合作伙伴关系之后，中国出版集团又与韩国规模最大的熊津出版集团（Woojin Think Big co.，Ltd.）于 2008 年 9 月 2 日在第十五届图博会上正式宣布建立战略合作伙伴关系，共同开展对外汉语教材、家庭教育等教育出版，并就在对方国家互设出版社进行调研论证。① 中国出版集团在进行版权贸易的同时，还积极拓展海外分销渠道。2008 年 8 月 1 日，中国出版集团和美国百盛公司合作在美国纽约法拉盛开办的新华书店第一家海外分店开业，② 分店总营业面积 500 平方米，经销我国出版的 3 万多种出版物，是目前在美国销售我国出版物面积最大、品种最全的书店之一。

可见，通过资本运营扩张规模、整合资源，是我国出版企业进一步发展的必经之路。本书正是在这样的背景下，提出"出版企业资本运营"这一选题，力求从优化资本角度研究出版资源优化配置的方式，从资本运营角度探寻出版企业应该如何做强做大，以加快"走出去"的步伐，应对国际传媒资本竞争。

第一节　出版企业资本

正确理解出版企业资本必须首先明确"资本"这一概念。资本是能够在运动中产生价值增值的一种生产要素。出版企业资本是能够使出版企业产生价值增值的一种经营性资产。

一　资本的内涵

资本是经济学的重要范畴。从西方经济学的角度看，资本更多地被理解为一种获取利润的生产要素。如马尔萨斯（Thomas Robert Malthus）认为，资本是"积累的财富中被用来在未来财富的生产与分配中谋取利润的特殊部分"③；新古典经济学的开山鼻祖马歇尔（Alfred Marshall）认为，"以个人看资本是期望获得收入的那部分资产，从社会观点看资本是

---

① 王化兵：《中国出版集团与韩国熊津出版集团建立战略合作伙伴关系》，《出版参考》2008 年第 18 期。

② 侯俊：《新华书店第一家海外分店在纽约开张》，2008 年 9 月 4 日，新华网（http://news. xinhuanet. com/photo/2008-08/02/content_ 8908214_ 1. htm）。

③ ［英］马尔萨斯：《政治经济学》，商务印书馆 1962 年版，第 129 页。

生产收入的收入"①，即资本是一个人从他的资产中期望获得收入的那一部分，包括为营业目的所持有的一切东西；新古典综合学派的代表人物萨缪尔森（Paul Samuelson）认为，"美国等发达工业经济大量使用建筑物、机器和计算机等等，这些生产要素称为资本（capital），即一种被生产出来的要素，一种本身就是由经济过程产出的耐用的投入品"②。可见，西方经济学家主要是从生产力角度理解资本，指出了资本的自然属性，即增值性、流动性和风险性。

马克思在《资本论》中不仅揭示了资本的自然属性，而且揭示了资本的社会属性。从资本的自然属性看，资本是资产的价值形态，是能够带来剩余价值的价值。资本的含义包括三个层次：一是资本可以用价值形式表示，二是资本能产生未来收益，三是资本是一种生产要素。从资本的社会属性看，马克思指出，"资本并不是一种物品，而是一种以物为媒介而成立的人与人之间的社会关系"③。可见，马克思是把资本的自然属性和社会属性紧密结合起来阐述"资本"这一概念。

我们认为，应该遵循马克思主义的科学研究方法，从自然属性和社会属性两个方面理解"资本"这一概念。资本的自然属性是指它作为生产要素的增值性，资本的社会属性则指资本所体现的社会生产关系，即产权归属。资本的自然属性是资本在各种社会经济形态中所具有的共性，它存在于资本的使用价值之中；资本的社会属性由其自然属性决定。

二 出版企业资本的内涵

本书所指的出版企业是指完成转企改制的出版单位和发行单位。根据马克思对资本的定义，本书认为，出版企业资本是不断追求增值的出版企业的货币化权益。

在此基础上，我们应该从资本两重性的角度正确理解出版企业资本。本书认为，出版企业资本是不断追求增值的出版企业的货币化权益，是一组权利关系。

---

① ［英］马歇尔：《经济学原理》上卷，商务印书馆1964年版，第15页。
② ［美］保罗·萨缪尔森、［美］威廉·诺德豪斯：《微观经济学》第十七版，萧琛译，人民邮电出版社2004年版，第26页。
③ 马克思：《资本论》第一卷，人民出版社1963年版，第845页。

从表现形态上看，出版企业资本主要有两种形态，即有形资本和无形资本。无论资本的形态如何，也不管资本如何流动，其在价值形态上必须实现资本价值的增值。

第一，出版企业有形资本。出版企业有形资本主要是指价值形态资本和实物形态资本。出版企业价值形态资本主要包括货币资本和金融资本。出版企业货币资本是指处于货币形态的资本，主要来源于国家和主管部门的财政拨款、出版物销售收入、出版企业其他经营中的现金收入、固定资产折旧费、银行存款等。出版企业金融资本主要是出版企业为获取赢利而购买的各种债券和股票、其他社会经济实体对出版企业的投资、出版企业可以利用的各种社会闲散资金与出版资本相融合而形成的资本等。出版企业实物形态资本主要是出版产品、办公楼等以物质形式存在的生产要素。价值形态资本与实物形态资本最主要的区别在于是否具有可分割性。价值形态资本具有可分割性，如股票票面价值可以被分割得很小。根据《上海新华传媒股份有限公司 2008 年半年度报告》，上海新华传媒股份有限公司的总股本数为 262628232，由 14872 户股东持有，每股股票约 12.2 元人民币。① 而实物资本不可分割，必须保持其整体性，所以，必须维护产权所有者对出版企业资产的控制权，确保出版企业按照产权所有者的统一意志持续经营。

第二，出版企业无形资本。出版企业属于知识型企业，对于知识型企业而言，知识资本是企业价值增值的主要源泉，并且它本身也体现了知识资本所有者与物质资产所有者之间的一种社会关系，因而出版企业无形资本的核心是知识资本。此外，出版企业无形资本还包括出版企业经营机制、管理能力、发行渠道、企业文化、品牌资源等不具有实物形态的各种资本。在国外出版业发达国家，无形资本已经成为企业的核心竞争力源泉，有些出版企业无形资本的价值甚至数倍于有形资本。

第二节　出版企业资本运营

明确"资本运营"的概念是弄清出版企业资本运营的基础。从企业

---

① 数据来源：《上海新华传媒股份有限公司 2008 年半年度报告》，2008 年 9 月 2 日，腾讯证券网（http：//stock. finance. qq. com/sstock/ggzw/600825_ 9942500430. shtml？405183）。

经营的范畴看，关于资本运营的定义大致可以分为狭义和广义两种。

一　出版企业资本运营的含义

狭义的资本运营仅指企业以资本增值为目的、以产权买卖为基础进行的兼并、收购、重组等一系列外部交易型资本运营活动。如赵炳贤认为："企业资本运营就是企业外部交易型战略的运用，兼并、收购、重组是企业外部交易型战略最复杂、最普通的运作形式，也是资本运营的核心。"①

广义的资本运营不仅指企业以产权为基础进行的一系列外部交易型资本运营活动，而且包括企业在投资、生产、流通和分配等多个环节对内部资产进行价值化管理。如郭元晞认为："资本运营是一种通过对资本的使用价值的运用，在对资本做最有效使用的基础上，包括直接对于资本的消费和利用资本的各种形态的变化，为实现资本赢利的最大化而开展的活动。资本运营的途径可以是多种多样的，涵盖整个生产过程、流通过程，既包括证券、产权、金融，也包括产品的生产和经营。"②

由于西方经济学理论中没有"资本运营"这个概念，它是我国特有的术语，因此，我们认为，应该针对我国出版业的复杂性和出版企业的特殊性界定"出版企业资本运营"这一概念。根据资本运营的狭义概念研究出版企业经营管理行为，不仅很难把我国出版企业独有的一些经营形式（如合作出版、版权贸易等）纳入研究范围，而且不符合我国出版业目前的现状。所以，本书从资本运营的广义概念出发，把合作出版、投资行为和知识资本运营纳入研究范畴。

本书认为出版企业资本运营是以利润最大化和资本增值为目的，以价值管理为特征，通过生产要素的优化配置和产业结构的动态调整，对出版企业的全部资产（包括流动资产、固定资产和无形资产）进行综合、有效经营的一种活动。

二　出版企业资本运营的特点

资本运营既能通过生产经营实现资本增值，也能跳过出版产品这一中

---

①　赵炳贤：《资本运营论》，企业管理出版社 1997 年版，第 3 页。

②　郭元晞：《资本经营》，西南财经大学出版社 1997 年版，第 19—20 页。

介，以资本直接运作的方式实现资本增值，或是以资本的直接运作为先导，通过物化资本的优化组合提高其运作效率。与生产经营相比，出版企业的资本运营具有如下特点。

首先，资本运营的对象是价值化、证券化了的物化资本。在资本运营之前，出版企业需要将全部财产资本化，并以获得较高资本收益率为目的。在资本运营过程中，出版企业关注的是资产的具体形态、收益以及市场价值。

其次，资本运营的核心问题是如何通过优化配置提高资产的运营效率，以确保资产不断增值，因此，其运营方式主要采取两种形式：一是转让权的运作，二是受益权和控制权的运作。上市和并购是目前出版企业资本运营的主要方式。

最后，资本运营的收益主要来自于生产要素优化组合后生产效率提高所带来的经济收益增量。从根本上讲，资本运营收益是产业利润的一部分，一般表现为较高的投资收益和较低的投资收益之间的差额。因此，出版企业资产整合是资本运营的重要内容。

三 我国出版企业资本运营的意义

通过资本运营扩张出版规模，提高出版产业核心竞争力，是我国出版业进一步发展的必由之路。这在国内出版产业结构亟须调整、国际传媒集团觊觎我国出版市场的背景下具有重要的现实意义。

（一）资本运营能优化出版产业结构

产业经济学告诉我们，当某一产业发展时，一旦进入买方市场，产品短缺消失，必然就会引发行业性的资本整合与调整，它的经济意义在于扩大规模，降低成本，取得规模效益。目前，我国的出版市场已经进入买方市场，出版环境市场化和管理方式计划化使出版产业的结构性问题突出。这主要表现为出版行业进入壁垒高，产业集中度低。

1. 进入壁垒高

进入壁垒是指企业进入某一市场时所遇到的困难和障碍。进入壁垒主要由三个方面的因素造成，即规模经济、费用和法律制度。我国出版产业较高的进入壁垒主要是由法律制度造成。

由于十分强调出版业的意识形态属性，所以我国对出版机构的设立实行极为严格的行政审批制度。《出版管理条例》的第十二条明确规定："设立出版单位，由其主办单位向所在地省、自治区、直辖市人民政府出版行政部门提出申请；省、自治区、直辖市人民政府出版行政部门审核同意后，报国务院出版行政部门审批。"这种审批制度对于坚持出版的社会主义方向是一种有效的手段，但是不利于出版资源的优化配置。

我国政府对进入出版业的非公有资本也有很严格的限制。2004年5月，新闻出版总署下发的《关于进一步规范新闻出版单位出版合作和融资行为的通知》指出："新闻出版事业单位一律不准搞投融资活动和股份制。"国务院在2005年8月8日颁发的《国务院关于非公有资本进入文化事业的若干决定》中明确规定，非公有资本可以投资参股出版物印刷、发行，但国有资本必须控股51%以上；非公有资本不得投资设立和经营通讯社、报刊社、出版社。

2. 产业集中度低

产业集中度是衡量产业竞争程度的重要标志，也是衡量某一产业内企业之间市场份额分布的一个指标。衡量产业集中度最基本的方法是产业前若干名企业（CRn）所占的市场份额。美国产业经济学家贝恩使用这种方法，对美国主要产业的集中度变化进行过实证分析。[①] 他认为CR4在65%以上，CR8在85%以上的产业属于高度集中寡占型产业；CR4在35—65%之间，CR8在45—85%之间的产业属于集中寡占型产业；CR4在30—35%之间，CR8在40—45%之间的产业属于低集中寡占型产业；CR4低于30%，CR8低于40%的产业属于原子型产业。如果按照这个标准衡量，我国的出版产业集中度属于原子型。我国出版业的CR4一直维持在15%左右，CR8维持在20%左右（见表1—1）。可见，我国出版产业的产业集中度很低。

以上两点使我国出版产业呈现出一个在产业经济学家看来很矛盾的现象：由于高度垄断，我国出版产业应该是高度集中的寡占型，但实际上却是原子型。这导致出版产业在宏观上竞争不足，在微观上竞争过度，整体效率不高，极不适应现代产业对规模经济的要求。

---

① Bain and Joe S., *Industrial Organization* (Second Edition), New York: John Wiley & Sons Inc., 1968, pp. 77—111.

表 1—1　　　　2005 年我国出版业前 4 家、前 8 家出版集团
的市场占有率 （CR4、CR8）①

排名	出版集团	占有率（%）	动销品种占有率（%）
1	中国出版集团	7.85	4.66
2	上海世纪出版股份有限公司	3.07	3.42
3	吉林出版集团	2.52	1.98
4	北京出版社出版集团	2.06	1.48
前 4 家出版集团合计		15.50	11.54
前 8 家出版集团合计		22.52	17.71

　　产业组织理论认为，市场结构决定企业行为，反之，企业行为也作用于市场结构，影响和改变市场结构的状态和特征。资本运营行为中对出版产业结构影响较大的是并购行为。自 20 世纪 90 年代以来，第五次并购浪潮席卷全球，大型企业兼并案例不断涌现。为了适应经济全球化和战略竞争的需要，出版企业的并购活动也十分频繁。1990 年澳大利亚新闻集团收购哈珀·柯林斯出版集团，并将其与英国的威廉·柯林斯出版社合并，拉开了新一轮国际出版并购的序幕。此后，汤姆森集团重组，培生集团重组，贝塔斯曼收购兰登书屋，Viacom 收购 Blockbuster Parament，国际传媒界的并购规模越来越大，尤其是 2000 年出现了时代华纳和美国在线在当时市值达 1650 亿美元的"世纪并购"。这些并购行为使出版企业的规模效益更加突出，世界出版产业的集中度不断提高。

　　但是在我国，由于出版业的进入壁垒较高，产业集中度和规模效益偏低，并且企业产权界定模糊，所以很难在资本市场上发生真正意义上的出版企业并购行为。出版发行集团的组建是靠行政捏合，而不是以资本为纽带。由于不是市场竞争的需要，所以这些集团的市场绩效不尽如人意。缺乏资本纽带的市场并购行为是违背市场经济规律的，会导致出版产业结构不合理，造成出版资源的巨大浪费。出版企业的资本运营有助于优化我国出版产业结构，提高出版产业竞争力。第一，优势出版企业通过资本运营，对劣势企业实施并购，有利于提高出版产业的集中度，形成更强更大

---

① 陈昕：《中国图书出版产业增长方式转变研究》，广西师范大学出版社 2008 年版，第 14 页。

的竞争优势。第二，资本运营能够打破行业垄断和区域分割，促进出版资源的合理流动，提高资本的利用效率。因此，我们需要通过资本运营调整出版产业结构，优化资源配置。

（二）资本运营能盘活出版存量资产

从国外经验来看，出版业的发展已经普遍趋向于大资本、跨媒介的集团模式。我国的出版产业虽然发展速度很快，数字出版技术不断提高，出版企业规模也不断扩大，但是与国外发达国家的出版产业相比，差距较大。

我国的出版业要想在短时间内做强做大，需要投入大量资本，但是单凭自身积累增长是很难完成这项工作的，可行的途径就是走资本运营的道路。近几年陆续上市的"出版传媒"、"新华传媒"、"新华文轩"，开拓了资本市场融资渠道，通过配股增发直接获得了新增股本金，为企业扩增和项目投资提供了资金保障。

首先，通过股票上市和溢价发行等方式，不但能够募集大量资金，而且还可以使出版企业的资产迅速增值。如 2007 年 12 月 21 日，北方联合出版传媒（集团）股份有限公司正式在上海证券交易所 A 股上市，四个小时内融入的资金高达 1800 亿元。[①] 又如，出版传媒的总资产在 2006 年年末是 11302132.34 元，到 2007 年年末增长到 186620791257 元，增长率为 65.12%。[②] 可见，上市能使企业资产迅速增值。

其次，通过配股增发、重组、兼并、联合等方式能够将出版企业创造利润的主营业务同非主营业务的资产有效结合起来，盘活不良资产，从整体上提升出版企业资产的运作效率。例如，2006 年 10 月，上海新华传媒股份有限公司成功上市，根据《上海新华传媒股份有限公司 2008 年半年度报告》，该公司 2008 年上半年实现营业收入 124046.12 万元、营业利润 8848.55 万元、净利润 105.08 万元，[③] 与上年同期相比，营业收入、营业利润和净利润分别增加 67.98%、223.67% 和 260.66%。

因此，出版企业除了继续依靠内部留存积累资本之外，还必须转变经

---

① 数据来源：《任慧英，4 小时 1800 亿的背后》，《中国图书商报》2008 年 4 月 11 日第 2 版。

② 数据来源：《书业上市公司'07 年报比比看》，《中国图书商报》2008 年 5 月 9 日第 3 版。

③ 《上海新华传媒股份有限公司 2008 年半年度报告》，2008 年 9 月 2 日，腾讯证券网（http://stock.finance.qq.com/sstock/ggzw/600825_9942500430.shtml?405183）。

营机制，将产品经营与资本运营相结合，盘活不良资产，加速出版资本的扩张。

（三）资本运营能推动出版体制改革

我国进一步推进新闻出版体制改革的主要任务之一就是"推动经营性新闻出版单位转制，重塑市场主体"①。根据实践经验来看，资本运营是我国出版企业转变为真正意义上的市场主体的有效途径。如果不通过资本运营，不通过并购、资产重组等产权界定方式，出版业仍然笼统地归国家所有，原有的产权不清晰、责权不明确的问题仍然很难解决。所以，资本运营能推进出版单位转制。

例如，中国轻工业出版社打破原有的组织模式，按照集团公司的方式，重组内部资产，把出版社的经营性资产剥离出来，组建集团公司；将原出版、印刷部门组建为全资子公司；编辑部门由集团公司和编辑人员共同出资，组建由集团公司控股的控股公司（集团公司占80%股份）。这些全资公司和控股公司都在工商局登记注册为有限公司，成为独立的法人单位。这样，出版社管理机构与下属部门之间建立了明晰的财产权关系，各部门之间建立了商务契约关系。轻工社通过资本运营建立了现代企业制度的方式得到了众多出版单位的借鉴。

出版单位完成转企改制后，政府就不能直接参与他们的生产经营活动，而只能通过授权经营的方式实现国有资产的保值增值。而出版企业作为独立的市场主体，可以通过多种渠道融资，吸收国有资本、非国有资本、国外资本。其必然结果是投资主体的多元化。这有利于出版企业经营机制和企业治理结构的根本转变。

以上海新华传媒股份有限公司为例。上海新华发行集团原本是一家国有独资的新华书店，2004年9月，上海精文投资公司、解放日报公司、世纪出版集团、上海文艺出版总社和文广影视集团参股，上海新华发行集团由国有独资改制为国有多元。同年12月，由于上海绿地集团有限公司的参股，上海新华发行集团进一步改制为混合所有制的有限责任公司，建立了符合现代企业制度要求的法人治理结构，为企业发展奠定了法律、体

---

① 新闻出版总署：《关于进一步推进新闻出版体制改革的指导意见》，2009年11月17日，中国新闻网（http://www.chinanews.com.cn/gn/news/2009/04-06/1633452.shtml）。

制和资本保障基础。可见，资本运营不仅能够解决出版企业规模扩张所需要的资金，还能够实现出版企业资本结构的多元化，建立适应市场经济发展要求的高效的现代企业制度，并形成有利于出版企业发展的运行机制，促进出版体制改革。

此外，其他行业的国有企业改革实践也证明，通过资本运营实现投资主体多元化，是建立新体制的有效手段，然后在这个新体制平台上建立适应市场发展要求的高效的现代企业制度。

第三节　出版企业资本运营研究综述

通过资本运营扩张规模、整合资源，是我国出版企业进一步发展的必经之路。从实践上讲，研究出版企业资本运营是促进出版企业做强做大的需要，是应对国际传媒资本竞争的需要，也是优化出版资源配置的需要。从理论上讲，研究出版企业资本运营是完善出版学学科体系的需要。因此，近十年来，出版企业资本运营的问题引起国内外诸多学者的关注。

经过归纳与分析，我们发现国内学者的研究主要集中于对出版企业资本运营的理论研究，如对出版资本范畴的研究，对出版企业资本运营的概念界定，对运营动因、原则、条件、方式的研究等。而国外研究者侧重于从出版学与经济学、传播学的交叉领域研究出版资金流转和出版企业并购的问题。

一　国内研究状况

在很长的一段时期，我国出版界在理论上和实践上都不承认社会主义国家的出版业中存在"资本"这一概念，更不会使用和研究"资本"。中共十一届三中全会使人们的思想得到解放。部分理论研究者虽然论证了资本与社会主义的相容性，但是没有论及资本在社会主义经济中的范畴和作用，更没有论及包括出版资本在内的国有资本与一般资本的区别。

我国对出版企业资本运营的研究始于20世纪90年代初。在十四大确定的建立社会主义市场经济体制的政策指导下，出版业研究者对计划经济体制下的出版产业结构进行反思，开始关注出版企业的资本运营问题，认为应该培育以资本为纽带的出版企业，如楼山提出"必须逐步发育和组建以控股、参股为特征的，以资产为纽带的出版企业集团"①。

1993年，在中共十四届三中全会上通过的《中共中央关于建立社会主义市场经济体制若干问题的决定》中，第一次明确使用了"资本"这个概念，出版研究者也指出在我国的出版企业中也同样存在"资金运转"、"资本经营"、"资本结构优化"等问题。如黄建中指出，"出版社的经营活动实质上是资金运作"②。

1997年，国务院颁布了新中国成立后的第一个较为全面、系统的出版管理行政法规——《出版管理条例》。1998年，我国成立了一批以资本为纽带、以建立现代企业制度为目标的出版发行集团，如广东省出版集团、四川新华书店集团等。这为学者研究出版企业资本运营提供了政策指导和实践基础。此后，我国出版企业资本运营研究呈现出较为活跃的局面。大量研究论文发表在以《出版发行研究》、《中国出版》、《出版经济》为代表的出版学术刊物上。此外，一批出版研究论著也对促进这一研究作出了重要贡献。2005年，杨贵山在由中国水利水电出版社出版的《海外书业经营案例》一书中介绍了国际出版业资本运作的情况；2006年，徐建华、谭华苓和陈伟合著的《现代出版业资本运营》一书由中国传媒大学出版社出版，该书是我国第一部也是目前唯一一部以"资本运营"命名的出版学术著作。

近十年来（1998—2008年），出版企业资本运营问题引起较多学者的关注。经过归纳与分析，我们发现学者对这个问题的研究主要集中在以下几个方面。

（一）关于出版资本范畴的研究

出版企业资本运营的对象是出版资本，所以对出版资本范畴的研究成为学者们的研究重点。对这一问题的研究主要集中在两方面，即出版资本的社会属性及其表现形态。

1. 关于出版资本的社会属性

资本的社会属性是指资本归谁所有，是资本在不同社会经济形态中具有的特性。研究者认为，我国的出版资本归国家所有，属于国有资本。如

---

① 楼山：《应组建以资产为纽带的出版企业集团》，《中国出版》1993年第1期。
② 黄建中：《论出版社资金结构的调整与优化》，《中国出版》1996年第11期。

王宏波和朱亚指出："我国的图书出版是国家垄断的，禁止个人或私营单位独立从事直接的图书出版活动，出版投资主体是一元的，即国家独资的。"① 杨荣认为："中国出版业的资产类型基本上属国有独资。"②

2. 关于出版资本的表现形态

在资本运营过程中，资本总是表现为一定的物的形式。出版资本也具有不同形态，既以货币资本、实物资本等有形资本的形态表现，也以知识产权、技术专利和品牌资本等无形资本的形态表现。如李旭茂认为："出版资本运营可以包含实业资本、证券资本、风险资本、产权资本、智力资本等所有方面。"③ 宋城在《中国出版》1999 年第 12 期上发表了《中国出版业的无形资产辨析》一文，在分析我国出版业特点的基础上，指出我国出版企业的无形资本包括出版专营权、专有出版权、名称权、商标权、专利权和技术秘密等。

（二）关于出版企业资本运营概念的研究

从现有文献看，对"资本运营"的称谓很多，如"资本运营"、"资本运作"、"资本营运"、"资本经营"、"资本管理"，等等，但是这些称谓并没有本质区别。本书将统一使用"资本运营"这一表述。

研究者主要从两个角度给"出版企业资本运营"下定义，一种是从资本流动性和资本增值属性的角度，另一种是从出版企业经营管理和发展战略的角度。

1. 从资本流动性和资本增值属性的角度定义资本运营

这种观点认为，资本运营是一种通过对资本使用价值的有效运用，实现资本赢利能力最大化的活动。如罗紫初教授认为："所谓资本营运，是以资本增值为目的，将企业所拥有的全部有形和无形资产作为可以增值的价值形态资本，通过流动、裂变、组合、优化配置等方式，对其进行有效营运的经营模式。"④ 徐曙初将资本营运定义为："以实现资本保值增值为

① 王宏波、朱亚：《我国出版资本现状与特点》，《出版参考》2002 年第 13 期。
② 杨荣：《德国传媒巨头科尔西为何败走麦城——兼谈我国出版业的资本营运》，《出版发行研究》2003 年第 3 期。
③ 李旭茂：《出版资本运营要点——出版资本运营若干问题之三》，《出版经济》2001 年第 8 期。
④ 罗紫初：《出版业资本营运中的若干问题》，《出版发行研究》2002 年第 12 期。

目的，以价值形态经营为特征，通过生产要素的流动与重组和资本结构的优化配置，对企业全部资产或资本进行综合运营的一种经营活动。"① 杨永认为："资本经营是指以资本为对象，以资本增值为目的的一切经营活动，它把投入企业活动的每一种生产要素都视作能够增值的价值，通过'货币——产权（股权）——货币'的运动形式，实现其增值的目的。"② 卢仁龙也在《中国出版产业与资本运作》中指出："在经济学中，资本运作是指以投资为手段，以股权为出发点，去博取优势产业领域里的高额利润，实现资本的快速增值及回报。"③

2. 从出版企业经营管理和发展战略的角度定义资本运营

这种观点认为，资本运营是出版企业外部交易型战略的运用，即通过收购外部资源，包括组建合资企业、吸收外来资本、战略联盟、进行并购与重组等，推进企业生长周期曲线的纵向扩展。例如，伍传平和张春瑾认为："资本运作有时又称为资本运营。新闻出版业资本运作指把新闻出版单位拥有的一切有形与无形资产变为活化资本，并通过资本的流动、集聚、裂变和优化配置等方式，与一切可利用的资本进行有效运作，以最大限度地实现资本增值，从而实现新闻出版资本总量扩张和结构优化的战略实施过程。"④ 李晓冰将出版集团资本运营定义为："将出版集团所拥有的可经营性资产，包括和出版业有关的广告、发行、印刷、信息等产业，也包括出版集团所经营的其他产业部分，视为可以经营的价值资本，通过价值成本的流动、兼并、重组、参股、控股、交易、转让、租赁等途径进行运作，优化出版资源配置，扩张出版资本规模，进行有效经营，以实现最大限度增值目标的一种经营管理方式。"⑤ 薛严丽主张将资本运营的概念延伸，除了"对出版社内部进行资源优化配置，或是出版社之间的联合、兼并或是出版相关企业间的资源整合"之外，"还应制定更广阔、深入的资本运营战略，在政策允许的范围内跨越各种障碍来实施本集团的资本运营战略，如可以考虑的有传媒业内部的资本运营以及中国图书出版业与其

---

① 徐曙初：《出版业资本营运应注意的几个误区》，《出版经济》2002 年第 5 期。

② 杨永：《出版企业集团授权经营后的战略调整》，《出版经济》2000 年第 6 期。

③ 卢仁龙：《中国出版产业与资本运作》，《中国图书商报》2002 年 7 月 2 日第 14 版。

④ 伍传平、张春瑾：《新闻出版业资本运作及其效应分析》，《出版发行研究》2003 年第 3 期。

⑤ 李晓冰：《出版集团的资本运作与财务管理》，《出版广角》2003 年第 12 期。

他行业之间的资本运营"①。

（三）关于出版企业资本运营必要性的研究

关于出版企业实施资本运营的必要性，不同的研究者持有不同看法。归纳起来，主要有以下五种观点。

1. 资本运营是出版企业盘活存量资本、优化资源配置的必然要求

国有资本的优势是存量资本大，问题是闲置资本浪费严重并会随着社会发展逐渐贬值。出版企业实施资本运营则可以通过现有存量资本的优化重组提高其利用率。如李晓冰在《出版集团的资本运作与财务管理》中指出："资本运作过程事实上成为重新配置出版资源的过程。"朱亚和王宏波认为："中国出版资本在使用上存在严重的闲置、浪费现象，因此，应通过资本经营来优化出版社的存量资本，使之发挥最大的经济效益。"②张先立在《出版资本运营论》中指出，出版企业要"通过资本运营手段，优化配置资源，加快结构调整步伐"③。

2. 资本运营是出版企业实现资本增值的客观要求

资本的自然属性是追求价值增值，这是资本在各种社会经济形态中所具有的共性。出版企业的资本也具有追求价值增值的自然属性，要求通过兼并、资产分离、股份制等方式促进资本的合理流动，实现资本价值的最大化。如李晓冰认为，出版集团资本运营是"扩张出版资本规模，进行有效经营，以实现最大限度增值目标的一种经营管理方式"④。邹慊认为，资本运营是"以资本保值增值为追求目标"⑤。易维指出，资本运营是"以资本的循环和周转来实现价值的增值"⑥。

3. 资本运营是提高出版业核心竞争力的有效途径

形成并保持核心竞争力是出版企业在激烈的市场竞争中生存和发展的关键。价值性是核心竞争力最基本的特性，而资本运营是以资本的循环和周转实现价值的增值，所以，学者们普遍认为，资本运营能够提高出版企

① 薛严丽：《论出版集团发展战略之选择》，《出版发行研究》2002 年第 11 期。

② 朱亚、王宏波：《循序渐进 梯度开发——出版业资本经营的几种方式和步骤》，《出版广角》2002 年第 5 期。

③ 张先立：《出版资本运营论》，《出版科学》2000 年第 1 期。

④ 李晓冰：《出版集团的资本运作与财务管理》，《出版广角》2003 年第 12 期。

⑤ 邹慊：《论出版业的资本运营》，《中国出版》1998 年第 3 期。

⑥ 易维：《出版集团的图书经营和资本营运探析》，《湖南商学院学报》2004 年第 2 期。

业和出版产业的核心竞争力。如贺剑锋认为，"资本运营有利于出版资源向优势企业集中，提高我国出版业的集中度与整体竞争力"[①]。顾林凡在《沪港出版合作的潜力与资本融合》一文中也指出，在香港或上海两地的资本市场上开展上市融资对于提升沪港两地出版业的竞争力具有重要意义。

4. 资本运营是调整产业结构的重要方式

党的十五大提出新闻出版业要"加强管理，优化结构，提高质量"，为了提高出版产业的整体水平，出版业必须转变经济增长方式，促进产业升级和产品结构调整。很多研究者认为，促进产业结构调整最有效的方式就是资本运营。如李旭茂认为："调整或改善产业结构就不能不涉及资本的配置和运营问题。由于资本的配置决定其他要素的配置，资本的配置结构也就最终决定了企业结构从而决定产业结构。"[②] 贺剑锋指出："资本运营有助于优化我国出版产业结构，提高我国出版业管理水平。"[③] 邹慷也认为："促进产业结构调整最有效的方式就是资本运营，出版企业采用兼并、合并的方式，集中财力、物力、人力出版高质量的、有影响有分量的、高效益的书刊。"[④]

5. 资本运营是出版企业向其他行业渗透的重要手段

在数字时代，内容产业中的大型出版企业倡导的是多元化经营，有的是在数字融合的基础上用不同媒介传播相同内容，有的是围绕品牌进行相关衍生产品的开发。研究者认为，出版企业如果要在内容产业中延长出版价值链，那么最经济的办法就是通过资本运营的方式组建大型集团。如张先立在《出版资本运营论》一文中指出，出版企业可以通过兼并与收购的方式向报刊业、与电子出版相关的计算机和软件信息产业、传媒业、教育业等领域拓展。邹慷认为："出版业垄断与竞争并存的市场结构，客观上也需要各个独立的出版经济组织之间，通过资本运营，以资产为纽带形

---

① 贺剑锋：《我国出版业资本运营的必要性及其模式选择》，《中国出版》2002 年第 3 期。
② 李旭茂：《资本运营与出版结构调整——出版资本运营若干问题之四》，《出版经济》2001 年第 9 期。
③ 贺剑锋：《我国出版业资本运营的必要性及其模式选择》，《中国出版》2002 年第 3 期。
④ 邹慷：《论出版业的资本运营》，《中国出版》1998 年第 3 期。

成新的集团机制，实现规模扩张，以争取更大的市场份额。"① 李晓冰在《出版集团的资本运作与财务管理》一文中指出，出版集团应该积极向与出版业相关的影视、网络、信息产业和高投入高回报的证券、房地产等行业渗透，加快资本运营，实现产业扩张。

（四）关于出版企业资本运营原则的研究

出版企业资本运营不仅与经济直接相关，而且涉及政治、文化等诸多领域，因此，遵循一定的原则实施资本运营至关重要。对于出版企业实施资本运营必须遵循的原则，学者们的讨论集中在关于如何处理资本运营中社会效益与经济效益的关系、资本运营与产品经营的关系、资本运营与主业经营的关系等三个方面。

1. 出版企业资本运营必须坚持社会效益第一的原则

20 世纪 70 年代以来，人们一直认为追逐利润是资本运营的最终目标和唯一目标。我国加入 WTO 后，人们提出企业应该具有经营道德，应该承担一定的社会责任，保护公共利益。学者们一致认为，在社会主义市场经济中，出版企业理所当然要坚持社会效益第一的原则。如邓寒峰在《出版产业与资本运营刍议》一文中指出，资本运营是实现双效统一的有效途径，但是，当两者发生冲突时，经济效益要服从社会效益。李旭茂也提出，"出版资本运营必须坚持社会效益第一的原则"②。

2. 出版企业资本运营必须坚持以出版产品经营为基础的原则

资本运营和出版产品经营之间存在相互依存、相互渗透的关系，产品经营是资本运营的起点和归宿，资本运营是对产品经营的延伸和促进。如罗紫初认为："产品经营是资本经营的基础，资本经营是产品经营的开拓与发展，两者是相互制约、互相促进的关系。"③ 易维在《出版集团的图书经营和资本营运探析》一文中分析了图书经营和资本经营的联系和区别后，指出通过资本营运增加资本积累的目的是要扩大图书产品经营规模，而图书产品经营良好则有利于资本营运目标的实现。

---

① 邹慷：《论出版业的资本运营》，《中国出版》1998 年第 3 期。

② 李旭茂：《资本运营与社会效益第一——出版资本运营若干问题之五》，《出版经济》2001 年第 10 期。

③ 罗紫初：《出版业资本营运中的若干问题》，《出版发行研究》2002 年第 12 期。

3. 出版企业资本运营必须坚持为主业经营服务的原则

由于在一定条件下资本运营中的并购、融资等可以暂时脱离主业经营单独运作并获得一定的资本收益，所以某些出版企业经营者盲目投资其他产业而使主业经营严重受损。鉴于此种原因，很多研究者提出要正确处理资本运营与主业经营的关系，资本运营要以主业经营为基础并促进主业经营的发展。如窦为恒和张采平指出，"资本运营要避免资源分散，丢掉主业，盲目投资于无关联的行业"[①]。徐曙初认为，"在本质上资本营运必须服从或服务于主营业务"[②]。罗紫初建议，"出版业资本经营的发展，必须有利于主业的发展，必须对主业的发展起到推动与促进的作用"[③]。

（五）关于出版企业资本运营条件的研究

资本的正常运作需要具备一定的条件，即健全的资本市场、明确的运作主体和有效的国家调控。研究者从资本市场、资本运营主体和国家调控等三个方面研究了我国出版企业资本运营的条件。

1. 关于资本市场

资本只有在不停的运动中才能增值，资本运动的中介和连接点是资本市场。因此，做好资本运营，确保资本增值，就要积极培育完善的资本市场。研究者对我国出版资本运作市场范围进行了研究。如易维在《出版集团的图书经营和资本营运探析》一文中指出："资本运营主要是在资本市场上运作，资本市场包括证券市场、中长期信贷市场以及非证券化的产权交易市场。"[④] 黄晓燕在《中外出版业资本运作比较》中指出，我国资本市场的结构单一，目前基本上就是沪、深两个证券交易所的场内交易市场，债券市场发展缓慢。

2. 关于资本运营主体

长期以来，我国出版业经济成分较为单一，出版企业基本都属于国有资产。与国有企业一样，出版企业也存在产权不清的问题。这导致出版企业资本运营主体在理论上明确，在实践中模糊。

---

① 窦为恒、张采平：《对河北省出版集团资本运营状况的思考》，《河北经贸大学学报》（综合版）2006 年第 2 期。

② 徐曙初：《出版业资本营运应注意的几个误区》，《出版经济》2002 年第 5 期。

③ 罗紫初：《出版业资本营运中的若干问题》，《出版发行研究》2002 年第 12 期。

④ 易维：《出版集团的图书经营和资本营运探析》，《湖南商学院学报》2004 年第 11 期。

从理论上讲，研究者一致认为资本运营主体应该是出版企业。如窦为恒和张采平认为："企业是资本的载体，是市场的经营主体，同时也是资本运营的主体。"① 张成行和吴军也认为："国有发行企业应当成为资本经营和主业经营兼备的市场主体。"②

但是，在具体运作实践中，出版资本运营主体不明确。如罗紫初指出："实施资本经营，要求企业必须明确产权关系，拥有独立的法人财产权，这样才能承担资产保值增值的任务。而我国出版业的企业产权不明晰、出版经营实体缺乏财产权的现象还较为普遍。"③ 黄晓燕也认为，"资本运营缺乏明确的主体，政府与企业在组织形式上维系着政企合一，在管理上体现着纵向行政隶属关系"，"资本运作主体不明确，影响资本运作效率"④。

为了解决这个问题，许多研究者提出，进行资本运营首先要明确出版企业产权的法人地位，出版企业特别是出版集团要理清产权关系，以资本为纽带建立法人治理结构和现代企业制度。如邓寒峰建议，要"建立出版业现代企业制度，开展安全有效资本运营"⑤。卢仁龙建议："出版产业要进入资本市场，首要的是建立企业法人制的治理机制，明确产权关系。"⑥

3. 关于国家调控

为了优化国有资产配置，需要国家在对资本运营进行必要监控的同时，给予企业一定的经营自主权。但是，研究者普遍认为，我国政府对出版企业资本运营干预过多，降低了企业资本运营效率。如罗紫初指出："我国的出版企业无论从观念上还是从营运实践上，都无法摆脱对政府的依赖，政府对出版企业的干预也不可能在短期内消除。"⑦ 李华也认为：

---

① 窦为恒、张采平：《对河北省出版集团资本运营状况的思考》，《河北经贸大学学报》（综合版）2006 年第 2 期。

② 张成行、吴军：《对国有发行企业资本运作价值取向的战略思考》，《中国出版》2008 年第 1 期。

③ 罗紫初：《出版业资本营运中的若干问题》，《出版发行研究》2002 年第 12 期。

④ 黄晓燕：《中外出版业资本运作比较》，《新闻出版交流》2003 年第 1 期。

⑤ 邓寒峰：《出版产业与资本运营刍议》，《甘肃省经济管理干部学院学报》2002 年第 3 期。

⑥ 卢仁龙：《中国出版产业与资本运作》，《中国图书商报》2002 年 7 月 2 日第 14 版。

⑦ 罗紫初：《出版业资本营运中的若干问题》，《出版发行研究》2002 年第 12 期。

"出版行业历来受国家有关法律、法规及政策的严格监管，这对进入出版业形成壁垒，也对出版业兼并收购形成一定限制。"①

（六）关于出版企业资本运营内容的研究

资本运营的主要内容包括资本的筹措、资本的投入和资本的增值等三个方面的内容。

1. 出版企业融资

融资是筹措资本的过程。对出版企业融资问题的研究主要集中于两个方面，一是出版企业融资存在的问题，二是出版企业的融资模式。

出版企业融资存在许多问题，其中最主要的问题是产权不清晰。如朱诠和查国伟认为："新闻出版单位，特别是处于出版环节的报社、出版社、杂志社等，则大多数没有明确的授权经营，经营者并无财产处置权，造成了出资人和经营者都在某种程度上缺位的局面。这种局面极大地妨碍了这些单位的资本运营。"② 章蓓蓓在 2007 年第 4 期《北京市财贸管理干部学院学报》上发表的《出版业上市的关联交易和产权问题研究》一文中指出，产权问题是我国出版企业上市面临的两大难题之一。

关于出版企业的融资模式，研究者普遍认为，出版企业的融资模式众多，其中，股票上市融资是一种重要的融资方式。如朱诠和陈磊指出："通过股票上市进行融资是很多大型出版公司和出版集团经常采用的模式。"③ 孙玉玲认为："全世界大的传媒集团大都是上市公司，只有贝塔斯曼是个例外。这说明我国要培育出版巨人，应该适当放宽政策，有选择地允许少数几家出版集团上市融资。"④ 姚德权和曹海毅也指出："从全球范围来看，绝大多数大型新闻出版业公司都通过发行股票公开上市来筹集资金。"⑤

2. 出版企业投资

关于出版企业投资，有两种观点。一种观点是从企业管理学角度出发，认为企业的投资方向是由其发展战略决定，出版企业应该根据企业发展战略

① 李华：《从辽宁出版传媒上市谈出版业的资本运营》，《科技与出版》2008 年第 2 期。
② 朱诠、查国伟：《2003 年新闻出版业投融资大盘点》（下），《中国出版》2004 年第 7 期。
③ 朱诠、陈磊：《国外出版企业融资手段与案例》，《出版参考》2002 年第 16 期。
④ 孙玉玲：《出版集团融资探析》，《编辑之友》2003 年第 1 期。
⑤ 姚德权、曹海毅：《新闻出版业融资模式：国际比较与现实选择》，《湖南财经高等专科学校学报》2005 年第 6 期。

作出投资决策。另一种观点是从经济学角度出发，认为投资应该是为了最大限度地实现资本增值，出版企业的投资应该着眼于构建稳定的经济增长模式。

研究者认为，出版企业应该根据企业发展战略作出投资决策。如孔庄认为："出版集团应该干什么是由其发展战略决定的，而其发展战略和资本运营模式是相辅相成的，资本运营模式是实现其发展战略的手段。"① 王松以辽宁出版传媒股份有限公司为例，阐述了怎样通过战略投资实现主业的稳健扩张。②

也有研究者主张，出版企业投资应该着眼于构建稳定的经济增长模式。如朱晓彦指出："出版企业的赢利模式主要就是生产书和卖书，资本的追利性决定了它的投资方向和选择必须有稳定的赢利模式和增长前景。"③ 田冬炜认为，出版集团的投资职能应该定位于"把投资作为提高集团经济效益、服务于生产经营的重要手段"④。

3. 出版企业资产整合

学者们一致认为，资产整合是资本运营的重要内容，在资本运营中占据重要地位。例如，林晓芳认为，在出版企业并购大战中，资源整合是国际大势所趋。⑤ 孙镜以美国在线与时代华纳的并购为例，指出并购企业资本运营的失败在于他们"在很大程度上还是各自为政，并未实现内部有效的资源整合"⑥。但是，对于出版企业应该怎样进行资产优化配置以实现资本增值，研究者并未进行深入研究。

（七）关于出版企业资本运营方式的研究

资本运营方式众多，出版企业进行有效资本运营的关键在于选择适合自己的运营方式。研究者认为，适合出版企业的资本运营方式主要有合作经营、内部资产剥离、股份制改造、上市和并购等五种方式。

1. 合作经营

这是一种较低级别的资本运营方式，一般规模较小，合作对象多为民

---

① 孔庄：《出版集团上市究竟该干什么》，《出版参考》2008 年第 10 期。
② 王松：《出版传媒：战略投资 稳健扩张》，《出版参考》2008 年第 17 期。
③ 朱晓彦：《出版企业上市之路要走好哪几步》，《编辑之友》2008 年第 2 期。
④ 田冬炜：《出版集团投资职能初探》，《出版经济》2002 年第 2 期。
⑤ 林晓芳：《国际收购大战带给中国出版业的启示》，《出版参考》2007 年第 11 期。
⑥ 孙镜：《美国在线时代华纳整合中暴露的缺陷》，《中国记者》2002 年第 10 期。

营资本或者国外资本。学者认为，国有出版资本与民营资本、国外资本合作，能够实现双赢。如曹武亦在《与狼共舞——国有出版资源与民间资本的双赢策略》一文中指出，合作经营的出版模式能使双方受益，民营资本依靠出版社可获得出版许可权，国有资本（出版社）借助民资能降低投资风险。李晓冰也赞同"国外资金及信息资源以合作方式介入出版运作"[①]。

出版企业资本同国外资本的合作方式主要有两种。一种是我国的出版企业与国外的书业企业合资在国外创办经营实体，如辽宁出版集团海外发展公司与加拿大合资在多伦多建立新华书店（加拿大）有限公司；另一种是我国的出版企业引进外资在国内组建中外合资经营机构，如人民邮电出版社与丹麦艾阁萌集团（Egmont）合资组建童趣出版有限公司。研究者认为，无论采用哪种合作方式，在与国外资本的股份制合作中，都要保证国有资本的绝对控股地位和国家的专有出版权，不能危及出版的意识形态属性。例如，贺剑锋建议："引进部分国外资本，成立几家合资出版社，由中方控股，应当是十分明智的选择。"[②]朱亚和王宏波也指出："对于中外合资成立出版机构这种合作经营方式，要注意以我为主，同时要加强政策的预设与引导。"[③]

2. 内部资产剥离

内部资产剥离是指出版企业将所属的部分经营性部门、资产等出售给第三方，以获取现金、股票或其他资产的一种资本运营方式。研究者主张，为了避免产生"负协同效应"，应该将不利于出版主业经营的资产从出版企业中剥离出来。例如，邹慷主张，如果出版企业部分业务经营业绩好，另一部分业务经营业绩不好，可以采取内部分立的方式将经营业绩好的业务剥离开来优先发展，然后再扶持、改造劣势业务。贺剑锋在《我国出版业资本运营的必要性及其模式选择》中提出，与出版没有多大关系的辅业应该逐步从出版企业中剥离出来。潘文年也认为："我国出版企业在逐步市场化的过程中必须轻装上阵，想方设法剥离非生产经营性资

① 李晓冰：《出版集团的资本运作与财务管理》，《出版广角》2003 年第 12 期。
② 贺剑锋：《我国出版业资本运营的必要性及其模式选择》，《中国出版》2002 年第 3 期。
③ 朱亚、王宏波：《模式与案例：出版业如何进行资本运作》，《出版参考》2002 年第 15 期。

产，提高资本的运行质量，最大限度地实现企业资本的内部扩张。"①

3. 股份制改造

股份制是企业资本组织的高级形式，不仅有利于所有权和经营权的分离，而且有利于资本的集中和产权的流动。研究者认为，将一部分出版企业改组为股份制企业，吸收非国有资本，在国有资本控股的情况下，有利于增强国有出版资本的控制力，扩大其支配范围。如张先立指出，"出版社发行实体及一些后勤服务实体，都可以采取股份合作制"②。阳松古建议，可以对"出版集团进行股份制改造，进而引入战略投资者"③。杨红卫认为，出版企业股份制改造后，"通过吸纳多元化的投资主体，一方面建立有效的法人治理结构和市场机制，提高国有资本的经济效率，另一方面又能够扩大国有出版资本对社会资本的参与和支配范围，调集更多的社会资源服务出版"④。

关于如何进行股份制改造，学者大致提出了两种方案，一种是员工持股，另一种是实施"金股份"制度。员工持股指出版企业以职工入股或交风险抵押金的形式筹集资金并投入出版业务。这是一种产权资本运营方式，可以确立出版企业的劳动力产权制度，提高出版企业的经营管理水平。如朱静雯认为："出版企业集团员工持股计划是产权观念的扩大，它主张劳动力资本化，通过这种方式吸纳员工参与企业决策、监督、管理等活动，提高出版企业集团经营管理水平。"⑤ "金股份"制度与普通国有股份的相同点是都由国家控制，不同点是"金股份"制度有利于保证正确的政治导向，杜绝一切违法乱纪行为。例如，何志勇指出，在股份制出版企业中实施"金股份"制度，是"将国家对意识形态管理的特殊职责，化为一种由政府掌握的'金股份'，并对此行使本单位出版违规行为的一票否决权"⑥。

4. 证券市场资本运营

从目前出版产业发展情况看，如果出版企业要做大做强，走向国际，

① 潘文年：《出版企业要提高资本运行的效率》，《出版发行研究》2005 年第 2 期。
② 张先立：《出版资本运营论》，《出版科学》2000 年第 1 期。
③ 阳松谷：《中国出版集团如何进行资本运作》，《国际融资》2006 年第 12 期。
④ 杨红卫：《出版业国有资本控制力研究》，《出版发行研究》2004 年第 4 期。
⑤ 朱静雯：《中国出版集团股权制度研究》，《出版发行研究》2001 年第 6 期。
⑥ 何志勇：《关于出版业引入"金股份"制度的探讨》，《出版发行研究》2001 年第 10 期。

仅仅依靠内部积累是不够的，必须走直接融资的道路。出版企业在证券市场上的资本运营方式主要是上市融资。学者认为，上市是出版企业资本运营的一种有效手段。如郑庆贤认为："中国出版界走向强大，最终还是要靠大规模资本的扩张带动技术和信息革新，而获取这种大规模资本最方便的途径就是上市融资。"①

研究者认为，出版企业的上市方式主要有直接上市和间接上市两种。

（1）IPO（Initial Public Offerings）直接上市。有学者认为，可以将出版企业的内容生产业务和经营业务拆分，然后将经营性资产上市。如阳松谷建议："中国出版集团可以将旗下企业的经营性资产剥离成立合资或全资的子公司（或子公司的子公司），通过股份制改造使之成为资本市场的完全竞争主体，再利用这些下属公司直接上市融资。"② 但是，也有研究者指出，将出版企业的内容生产业务和经营业务拆分的上市方式会导致很多问题。如王关义和孙海宁指出，这种方式使"募集资金的占有权和使用权容易出现分离。理论上募集到的资金当然是上市公司的，但传媒业的特殊性却表明，上市公司的融资极有可能到了内容生产部门，甚至政府手里"。"这将使投资者遭遇更多股市风险。从上市公司的角度来看，本质上来讲它并不是上市的主体，上市的主体是这个公司背后的传媒集团，关联交易的可能性非常大，因此上市公司的利益更是难以得到保证。"③

（2）以买壳或借壳的方式间接上市。主要是非上市出版企业作为借壳公司，通过协议方式或者从二级市场收购、控股作为壳公司的上市公司，取得控制权，然后对壳公司的资产、业务、人员进行一系列的重组，剥离其原有资产，注入自身资产和业务，实现间接上市。这种方式在充分利用股票市场进行资本运营的同时，又绕过国家政策的限制，通过多种方式与上市公司互相渗透。研究者认为，间接上市是出版企业的最佳现实选择。如张先立认为，"买壳上市在当前国家出版政策条件下，不失为一种好的资本运作方式"④。李晓冰也指出，目前出版集团"从证券市场募集

---

① 郑庆贤：《中国出版业从"股市热"中可以悟出什么?》，《出版发行研究》2007 年第 8 期。

② 阳松谷：《中国出版集团如何进行资本运作》，《国际融资》2006 年第 12 期。

③ 王关义、孙海宁：《出版集团上市面临的内生矛盾探析》，《出版发行研究》2007 年第 8 期。

④ 张先立：《出版资本运营论》，《出版科学》2000 年第 1 期。

资金，多采取买壳上市或借壳上市等间接方式"①。

5. 产权资本运营

产权是一组权利，包括所有权、使用权、处置权、收益权等。产权资本运营是以产权为对象，以产权交易为方式的资本运营活动，如兼并、收购、重组、低成本扩张，等等。关于出版企业产权资本运营的研究主要集中于出版企业的并购。研究发现，并购的资本运营方式在国外出版界运用得比较广泛，甚至是跨国并购。如杨贵山在《海外书业经营案例》中对国际出版业资本运作进行了概括性描述后指出，兼并是国际资本运营的必然选择。阳松谷指出："国际出版业呈现两个较大的并购趋势，一个趋势是行业内的并购，结果是产生了为数更少、但规模庞大、地位重要的出版集团；另一个趋势是这些新组合的出版集团将自己的目标定在范围较狭窄、专业性更强的业务上，将非核心业务逐渐剥离，加强核心竞争力，这使得它们有机会成为真正专业品质的出版社。"②

但是，由于历史和政策等原因，真正的兼并式资本运营在我国运用较少。如易维指出："由于我国出版系统内部大多尚不具有真正的企业属性和运作条件，国外出版业资本营运中最普遍、最常用的并购方式在我国出版界内还极少运用。"③ 黄卫堂在《出版业"准兼并"管窥》一文中分析了高等教育出版社与大学出版社的并购重组，指出"高教社并购案的性质是准兼并，而不是真正意义上的兼并"④，他认为并购的实质是"取得企业全部或部分的控制权"，而我国出版产权的转让是在"国家所有"这一条件下进行的，并不是严格意义上的兼并。

二 国外研究状况

资本运营这一概念虽然诞生于我国，但是国外也有与此相关的诸多研究。从经济学角度看，马克思对资本运营提出了指导性思路，西方经济学界也对与资本运营相关的经济学问题进行了理论分析。从出版学角度看，国外部分传媒经济著作和出版经济专著对出版资本问题都有所涉及。

---

① 李晓冰：《出版集团的资本运作与财务管理》，《出版广角》2003 年第 12 期。
② 阳松谷：《中国出版集团如何进行资本运作》，《国际融资》2006 年第 12 期。
③ 易维：《出版集团的图书经营和资本营运探析》，《湖南商学院学报》2004 年第 11 期。
④ 黄卫堂：《出版业"准兼并"管窥》，《编辑学刊》2004 年第 2 期。

（一）国外关于资本运营的研究成果

在西方经济学文献中，没有"资本运营"这一术语，更没有"出版企业资本运营"的说法。但是，从最本质意义上讲，出版资本属于资本范畴，因此必然遵循资本运行最基本的规律，例如资本的循环与周转规律、资本的增值规律等。西方学术界围绕企业成长、企业投资、企业并购等进行了较为深入的研究，形成了丰富的与资本运营有关的理论，如资本集中理论、规模经济理论、产权理论、企业并购理论等。这些实际上就是我国理论界和实践界所提到的资本运营理论。

开展资本运营需要一定规模的资本，所以资本集中是资本运营的第一步。马克思在《资本论》中深刻阐述了资本集中的原因、机制和发展趋势。他认为促进资本集中的根本原因是资本对利润的追逐，资本集中的机制包括竞争机制、公司机制、信用制度和股票市场制度等四个方面，并从部门和社会的角度分析了企业并购趋势。马克思十分重视股份公司制度，认为股份资本是对私人资本的扬弃，这种"本身建立在社会生产方式的基础上并以生产资料和劳动力的社会集中为前提的资本，在这里直接取得了社会资本（即那些直接联合起来的个人的资本）的形式，而与私人资本相对应，并且它的企业也表现为社会企业"[①]。

资本运营会产生规模经济效应。最早对规模经济进行系统研究的是古典经济学家马歇尔，代表作是1890年出版的《经济学原理》。现在，规模经济已经成为经济学中广泛使用的概念。追求规模经济效应，是企业通过资本运营扩大企业规模的重要途径。

资本运营发展到一定阶段必然会涉及到产权交易。国外经济学学者对产权进行了深入研究，并且形成了较完善的产权理论。罗纳德·科斯（Ronald Coase）是最早提出产权理论的当代经济学家。他在1937年发表的《企业的性质》一文中提出了"交易成本"思想的"市场成本"，在1960年发表的《社会成本问题》中完整阐述了"交易费用"对资源配置和制度形成的影响。H. 德姆塞茨、英国经济学家 P. 阿贝尔和马克思都认为，产权是一组权利的结合体，包括所有权、占有权、支配权、使用权、收益权、处置权等一系列权利。马克思还揭示了产权的本质，即产权是生

---

① 马克思：《资本论》第三卷，人民出版社1975年版，第493页。

产关系的法律表现，他在《资本论》、《剩余价值论》等经典著作中提到的财产权就是产权。

企业并购是资本运营的重要方式。国外学者在大量并购实践的基础上，对传媒企业的并购进行了深入研究。例如，帕特里克·A.高根（Patrick A. Gaughan）在《兼并、收购和企业重组》（*Mergers, Acquisitions, and Corporate Restructurings*）中分析了美国和跨国企业并购案例，比较了各种重构方式的优点和缺点。美国的扬科集团（Yankee Group）在 2000 年 2 月出版的报告《盛大的图景：传媒企业并购和兼并的意义》（*The Big Picture: Making Sense of Media Mergers and Acquisitions*）中介绍了 1999 年传媒业的并购高潮。罗杰·菲德勒（Roger Fidler）在其著作《媒介形态变化：认识新媒介》（*Media Morphosis Understanding New Media*）中认为传媒企业可以通过并购得到不同的传播渠道，并以严谨的逻辑论述了传媒并购的动力，即在数字技术和网络传播的冲击下书籍等传统媒介为了生存被迫去适应不断变化的环境。

（二）国外关于出版资金的研究成果

国外关于出版资金的研究成果散见于出版经济的研究论著中。在出版业发达国家，尽管出版研究的历史较长，但是从经济学角度研究出版始于 20 世纪 30 年代，主要是针对出版经济现象进行调查研究。例如，1931 年，O. H. 切尼（O. H. Cheney）受美国书商协会的委托，发布了著名的《图书业经济状况调查》（*Economic Survey of the Book Industry*），即《切尼报告》（*The Cheney Report*）。此后，在出版业发达国家，系统的出版经济研究以专题研讨会、市场调查等多种形式广泛开展。[1] 直到 20 世纪 60 年代才开始学术化、系统化的出版经济研究，1966 年，美国的达塔斯·史密斯（Datas Smith）出版了《图书出版指南》（*A Guide to Book Publishing*），用专门的篇章论述了"图书出版经济学"（*Economics of Book Publishing*）。1978 年，本杰明·康帕利（Benjamin Compaine）出版的《转变中的图书出版业：图书分销的经济学研究》（*The Book Industry in Transition: An Economic Study of Book Distribution and Marketing*）也是一部书业经济研究专

----

① Adams and Peter W., "Faces in the Mirror: Five Decades of Research and Comment on the Book Trade 1931-2001" *Publishing Research Quarterly*, Vol. 17, No. 1, 2001.

著。到了 20 世纪 70 年代，出现了许多更加专业细分化的出版经济学研究论著。如美国的小赫伯特·史密斯·贝利（Herbert Smith Bailey, Tr.）于 1970 年出版了在世界上具有较大影响的《图书出版的艺术和科学》（*The Art and Science of Book Publishing*）一书，该书在"微观出版经济学"（*Economics of Micro-publishing*）这一专门篇章中详细考察了一种书的出版赢利情况，特别是如何决定印数、定价、版税以及编制经营费用预算等问题。而美国的阿尔伯特·N. 格列柯（Albert N. Greco）于 2004 年出版的《图书出版产业》（*The Book Publishing Industry*）是一本较新的论述出版经济问题的专著。

随着社会的不断进步和出版产业的迅速发展，除了传播学和新闻学的研究者之外，越来越多的经济学和管理学研究者也开始探究出版经济问题，出版资本的研究范围也不断扩大，从研究图书的出版成本问题到研究出版公司的资金筹集问题，从研究广播、电影、电视等大众媒介产业与出版业的竞争问题到研究全球并购浪潮对出版企业的影响问题。总体来看，学者对出版资本的研究侧重于单种图书的出版利润、出版资金的筹集、出版企业资金的运营效率和出版传媒集团的并购等四个方面。

1. 关于单种图书的出版利润问题

国外的出版经济学研究者认为可以通过编制预算、确定合适的图书定价、扩大销售量等三种方式增加单种图书的出版利润。

有些学者认为正确估算图书出版成本是增加出版利润的前提。如 1995 年，英国学者吉尔·戴维斯（Gill Davies）在《我是编辑高手》（*Book Commissioning and Acquisition*）一书中通过比较大众图书的出版损益和学术论著的出版损益，指出两种图书不同的获利方式，并探讨了怎样根据一般大众图书损益表估算出版成本。2004 年，美国出版了艾莉森·亚历山大（Alison Alexander）等学者编写的《媒介经济学：理论和实践》（*Media Economics: Theory and Practice*），该书在"图书和杂志的经济学"一章中以美国出版业为背景，论述了图书和杂志出版的成本估算问题。

有些学者深入探讨了图书定价与利润之间的关系。1995 年，美国的艾佛利·卡多佐（Avery Cardoza）在《成功出版完全指南》（*The Complete Guide to Successful Publishing*）的第十五章《赢利》中专门讨论了图书的定价和与利润结构相关的各种因素，如生产成本、版税、营销成本等，并指出通过最小化成本、增加收入和改善账本底线等三种方法可以增加赢利。2003 年，美国学者克劳迪娅·苏桑（Claudia Suzanne）在《图书出版实务：从概念到销售》（*This Business of Books a complete overview of the industry from concept through sales*）一书中用专门章节谈到了图书定价和出版成本控制的问题。

还有学者认为在营销过程中可以通过扩大销售量的方式增加每本图书的边际利润。如英国学者艾莉森·贝弗斯托克（Alison Baverstock）在 1990 年出版的《图书营销》（*How to Market Books*）一书中、美国学者玛丽莲·罗斯（Marilyn Ross）和汤姆·罗斯（Tom Ross）在 2002 年出版的《售书攻略》（*Jump Start Your Book Sales*）中都阐述了怎样在营销过程中赢利。

2. 关于出版资金的筹集

国外的研究学者研究了出版企业资金的各种来源，包括社会投资、内部集资等。如 1997 年，埃弗里特·E. 丹尼斯（Everette E. Dennis），克雷格·L. 拉美（Craig L. Lamay），爱德华·皮斯（Edward Pease）等美国学者编著出版了《图书出版面面观》（*Publishing Books*），麦格劳·希尔公司原高级副总裁丹·雷斯指出，图书出版业是一个占用资本较多的行业，"资本需要从出版业外获得。它来自不同的领域。最初来自于公共投资"①。2002 年，美国学者詹姆斯·B. 科巴克（James B. Kobak）在《创刊指南》（*How to Start a Magazine*）中指出创办新杂志的资金主要来源于银行贷款、大公司、政府团体、基金会、华尔街公司、风险投资公司、消费者等。2003 年，英国学者约翰·费瑟（John Feather）在《传递知识——21 世纪的出版业》（*Communicating Knowledge：Publishing in the 21st Century*）一书中研究了西方出版公司的发展历程，指出在 20 世纪"他们通常是家族生意"，"资金来自家族内部"②。

3. 关于出版企业资金的运营效率

国外学者研究了不同类型出版企业在资本市场上的财务表现和市场价

---

① ［美］丹·雷斯：《从家庭作坊到跨国公司》，载［美］埃弗里特·E. 丹尼斯、［美］克雷格·L. 拉美、［美］爱德华·皮斯编《图书出版面面观》，张志强等译，河北教育出版社 2005 年版，第 20 页。

② ［英］约翰·费瑟著：《传递知识——21 世纪的出版业》，张志强、张瑶、穆晖译，苏州大学出版社 2007 年版，第 32 页。

值。如美国学者托马斯·沃尔（Thomas Woll）在 1998 年出版的《为赢利而出版：图书出版商底线管理成功指南（修订增补第二版）》（*Publishing for Profit：Successful Bottom-line Management for Book Publishers*）中阐述了怎样保证积极的现金周转，怎样通过预算收益表和资产损益表以确认运营资金保持在良好的状态，还探讨了出版公司在编辑、生产与制作、销售中如何获得利润。英国学者保罗·理查森（Paul Richardson）在《英国出版业》（*The Publishing Industry in the United Kingdom*）一书中考察了不同出版领域的英国出版公司的财务状况，指出英国和其他市场经济出版商主要采用毛利率和营业利润率来衡量他们的资金运营效率，其他衡量标准包括销售增长率、人均销售收入、销售速度（存货周转）、投资回报（营业利润除以投资金额）、现金增长等。美国学者布赖恩·卡欣（Brian Kahin）和哈尔·瓦里安（Hal R. Varian）于 2000 年出版了《传媒经济学：数字信息经济学与知识产权》（*Internet Publishing and Beyond：The Economics of Digital Information and Intellectual Property*），该书从经济学角度对版权等无形出版资本问题进行了深入分析。

4. 关于出版传媒企业的并购

国外研究者从不同角度研究了出版传媒企业的并购情况，并持有不同的观点。

有的学者从产业经济学角度探讨了出版传媒集团并购的原因。如 2002 年，在叶海亚·R. 伽摩利珀（Yahya R. Kamalipour）编著的论文集《全球传播》（*Global Communication*）中，理查德·A. 格申（Richard A. Gershon）在《跨国传媒公司与全球竞争的经济学》一文中阐述了贝塔斯曼公司、美国在线—时代华纳等跨国传媒企业的所有权集中以及兼并、收购和战略联盟，认为这是跨国传媒公司在全球资本市场扩张的需要。2003 年，英国学者约翰·费瑟（John Feather）在《传递知识——21 世纪的出版业》（*Communicating Knowledge：Publishing in the 21st Century*）一书中研究了全球经济背景下哈珀·柯林斯出版社、培生集团等出版企业的兼并收购情况，并指出在 20 世纪 80 年代出版业吸引跨国公司的首要因素是出版业的资本利润率格外高。

有的研究者从规模经济和范围经济的角度论证了传媒集团并购的合理性。如 2002 年，英国学者吉莉安·道尔（Gillian Doyle）出版了《理解传媒经济学》（*Understanding Media Economics*）一书，认为美国在线—时代华纳（AOL Time Warner）、培生集团（Pearson）、贝塔斯曼集团（Bertelsmann）等所有权高度集中的大型综合传媒集团可以把生产成本分摊到更多的产品和地域市场中，所以能够从传媒产业的规模经济和范围经济中获益。美国学者吉利恩·多伊尔（Gillian Doyle）在《传媒所有权》（*Media Ownership：The Economics and Politics of Convergence and Concentration in the UK and European Media*）一书中围绕欧洲大型媒体集团的发展，研究了媒体所有权集中的经济意义，并揭示出单一媒体公司规模和赢利能力之间具有较强的正相关关系，跨媒体所有权的合并能够促进他们之间的协作能力，从而提高经济利润。

还有研究者从社会文化学角度论述了出版传媒集团并购的不良后果，认为媒体所有权的集中会产生一系列社会问题。如 1997 年，本·巴格迪安（Ben Bagdikian）追踪了掌控主要媒体产品公司的数量，在《媒体垄断》（*The Media Monopoly*）一书中指出，少数国内最大的产业公司掌握了越来越多的传媒权利会导致公共领域的结构转型并使公共利益受损。2001年，美国学者大卫·克罗图（David Croteau）和威廉·霍伊尼斯（Willian Hoynes）出版了《运营媒体：在商业媒体与公共利益之间》（*The Business of Media：Corporation Media and the Public Interest*），该书从公共领域的角度探究了大型媒体公司的全球化并购所产生的社会问题，例如"媒体输出数量的增长并不能担保其内部内容服务于公共利益；大量媒体财产的中央公司集权可能会让不同的声音窒息，同时它还对媒体在民主社会中所应扮演的重要角色提出了疑问"[①]。此外，玛丽·崴庞德（Mary Vipond）在《传媒的历史分析——大众媒介在加拿大》（*The Mass Media in Canada*）一书中指出，私营媒介所有者使利润最大化的一个有效方法是降低编辑费用，这会使加拿大的许多媒介所有者去国外（主要是从美国）购买便宜的编辑内容而不是自己生产内容，这会导致对加拿大本土文化的冲击。

除了部分出版经济和传媒经济论著之外，国外还有一些专业期刊刊登研究出版资本的论文。如《出版研究季刊》（*Publishing Research Quarter-*

---

① ［美］大卫·克罗图、［美］威廉·霍伊尼斯：《运营媒体：在商业媒体与公共利益之间》，董关鹏、金城译，清华大学出版社 2007 年版，第 65 页。

ly)、《市场与媒介选择》（*Marketing and Media Decisions*）、《传媒产业报告》（*Communication Industries Report*）、《传媒经济学学刊》（*Journal of Media Economics*）、《传媒经营研究学刊》（*Journal of Media Business Studies*）、《传播学刊》（*Journal of Communication*）等。其中，传媒经济学家罗伯特·G. 皮卡德（Robert G. Picard）等人于1987年创办的《传媒经济学学刊》是目前世界上唯一被SCI收录的传媒经济学杂志，是传媒经济学领域最权威的刊物。这些期刊上的论文基本反映了出版资本在世界经济领域中的运营情况。

从国内外研究现状看，今后的出版企业资本运营研究将呈现出以下三个趋势。第一，在研究理论方面，将会比较注重从出版学与经济学、传播学的交叉领域系统、深入地研究出版现象，探索出版规律。第二，在研究内容方面，将会比较重视市场研究，解决出版企业在资本市场中的具体运营问题。第三，在研究方法方面，将会较为注重实证研究，根据数据资料对案例进行定量分析。

三　本书的逻辑架构

由上述分析可知，国内外众多学者对出版企业资本运营问题的研究尚存在不足。国内学者倾向于理论研究，但是与具体的运营实践结合不紧密；国外学者大多是从资本的自然属性出发，用经济学理论和传媒学理论对资本运营问题进行定量研究，但是忽视了资本具有的社会属性。

本书针对这些不足，采用现代经济学理论中"基本条件—结构—行为—绩效"的研究体系，以马克思主义基本经济理论为指导，以辩证唯物主义和历史唯物主义为基本研究方法，从出版企业性质入手，分析出版企业的资本构成情况和资本运营行为特点，提出如何提高其资本运营绩效的方法，力求为我国的出版企业资本运营实践提供理论指导。在这一研究思路的指导下，全文分为导论、出版企业资本运营的理论基础、中外出版企业资本运营比较、出版企业上市、并购和并购后的资产整合等六章，力求在选题、分析框架和观点等方面实现创新。

第一章，导论。对资本、出版企业资本、出版企业资本运营等概念进行了界定，阐述了出版企业资本运营的研究现状和研究方法。

第二章，出版企业资本运营的理论基础。研究出版企业资本运营应该将出版企业作为市场主体置于社会经济的宏观背景中,运用出版学基础理论和经济学理论总结其活动规律。本章探讨了出版企业的性质;引入了学术史、出版史上与出版企业资本运营相关的资本运营理论、现代企业融资理论和产权理论等基本理论,目的在于为后面的研究提供理论依据,将出版企业资本运营活动置于宏观的理论背景中;此外,还对我国出版企业资本运营历史进行了梳理。

第三章,中外出版企业资本运营比较。资本运营在国外起步较早,国外出版企业具有丰富的资本运营经验。然而,在我国,由于制度和条件等方面的原因,出版企业的资本运营受到一定的限制,目前尚处于探索阶段。本章通过比较中外出版企业资本运营条件的不同,探讨造成中外出版企业运营方式和运营绩效不同的原因,希望能够得到一些启示,寻找提高我国出版企业资本运营绩效的途径。

第四章,出版企业上市。国际出版业正在由产品经营转为资本经营,资本实力成为出版企业发展壮大的要素之一。在股票市场融资能迅速积累出版企业发展所需要的资本,因此,上市融资是国际出版企业常用的一种资本运营方式。随着我国证券市场的发展和出版体制改革的深入,公开上市发行股票将是我国出版企业资本运营的重要方式。本章介绍了国内外出版企业上市的概况,指出我国出版企业上市的必要性,分析了我国出版企业大多采用间接上市和整体上市的原因,并以上海新华传媒股份有限公司为例探讨了我国出版企业如何间接上市,以北方联合出版传媒(集团)股份有限公司为例探讨了我国出版企业如何整体上市。

第五章,出版企业并购。在资本市场中,并购是企业资本运营的一种重要方式。上市融资只是出版企业迈进资本市场的第一步,如何有效利用募集的资金也是一个值得研究的问题。许多大型国际出版企业集团都是将大量资金用于并购,采用并购式的扩张型资本运营方式做强做大。本章介绍了国内外出版企业并购的概况,分析了并购的动因,并探讨了出版企业应该如何有效规避并购风险。

第六章,出版企业资产整合。资产整合是决定出版企业并购成败的关键,其实质是价值整合。并购和并购后的资产整合同属资产重组范畴,资产整合一般发生在并购之后。企业并购实现了外延的扩张,资产整合则实现了内涵的增长,两者互为补充。从国内外出版企业的并购实践和赢利状况看，通过并购新技术公司并整合数字出版资产实现向数字出版转型是未来出版企业的发展趋势。本章着重研究了并购后资产整合的内容，探讨了如何通过优化资本结构、完善公司治理结构和调整主营业务，从而使出版企业资本价值最大化。

可见，本论文从前到后，是一个由基础理论研究到具体实践研究，由提出问题、分析问题到解决问题的完整过程。在这一过程中，本书拟实现选题、分析框架和观点等三个方面的创新。

第一，选题上的创新。资本运营是 20 世纪 90 年代我国国内出现的特有的经济学名词。随着出版体制改革的进一步深入，出版企业必将成为出版资本运营的主体。把两者结合起来进行研究，具有较强的理论意义和现实意义。在对图书、硕博士论文、期刊数据库检索后，我们发现至今只有一部关于出版产业资本运营的专著，两篇图书出版资本运营的硕士论文，尚无一篇关于出版企业资本运营的博士论文。中国期刊网上虽然有 42 篇论文涉及到出版资本运营，但在研究深度和系统性方面存在明显不足。因此，本书在选题上具有创新性。

第二，分析框架的创新。本书按照从理论到实践的模式搭建框架。首先运用出版学基础理论，对出版企业资本、出版企业资本运营的概念进行界定。然后，采用产业经济学的理论框架对比中外出版企业资本运营的异同，发现我国出版企业资本运营存在的问题。接着，综合运用资本运营理论、企业融资理论和产权理论具体分析出版企业上市、并购和整合等三种主要的资本运营形式。

第三，观点的创新。本书在阐述分析出版企业资本运营时，始终坚持的观点是，出版企业资本运营必须以出版企业可持续发展战略为指导，不能仅仅为了"圈钱"而进行资本运营，不能纯粹追求出版企业规模的低成本扩张。无论是上市，还是并购，都是为了做大做强优势资本，即做大出版企业，增强出版业核心竞争力。所以，本书认为必须重视资本的使用，主张在优化资本结构和以人力资本产权为中心建立公司治理结构的基础上，发展出版企业的主营业务。

本书在研究出版企业资本运营时，坚持以马克思主义基本经济理论为指导，以辩证唯物主义和历史唯物主义为基本方法，运用规范分析与实证分析结合法、微观分析与宏观分析结合法和比较分析法等具体研究方法。

第一，采用规范分析与实证分析相结合的研究方法。规范分析和实证分析是经济研究的两大基本方法，规范分析是在某种价值判断的基础上研究经济行为"应该是什么"，主要是通过对基本概念的定性分析确定其内涵、外延和特点；而实证分析仅仅是客观描述具体的社会现象，分析其产生的原因，不对行为结果作价值判断，主要回答"是什么"。规范分析与实证分析之间存在一种相互依存、相互促进的关系。规范分析一方面能为实证分析提供理论指导，另一方面又必须以实证素材为基础；实证分析一方面为规范分析提供相关事实论据，另一方面又必须在规范分析的框架下对相关信息进行搜集整理。在理论方面，出版企业资本运营研究涉及大量的基本概念，如资本运营、IPO、整体上市、公司治理结构等概念的界定。在实践方面，出版行业也有大量的资本运营案例。但是，在目前的出版业资本运营研究中，理论与实践脱节的现象较为严重。这具体表现在两方面：一是有关资本运营的理论不适合出版企业资本运营的具体实践，虽然有理想化的模式和数字化的模型，但是在出版实践中无法较好运用这些理论和方法；二是出版企业资本运营理论研究滞后于出版企业资本运营的创新实践活动，这使得出版企业在资本运营活动中缺乏超前的理论指导。鉴于以上原因，本书在研究过程中十分注重规范分析与实证分析的结合。首先，在分析出版企业资本的特点和出版企业资本运营存在的问题的基础上，作出了出版企业资本运营"应该是什么"的基本判断，然后依据资本理论进行相应的实证检验，总结其成功经验和失败教训，最后在实证检验的基础上进一步提出了出版企业资本运营"应该怎么做"的对策建议。

第二，采用微观分析与宏观分析相结合的研究方法。出版企业资本运营是出版企业的经营行为，微观的具体分析是研究的基础，但是出版企业无论是进行外部交易型资本运营还是进行内部运用型资本运营，都是在一定的历史条件和国家政策法律等宏观社会环境下进行的，因此我们必须重视宏观环境因素对出版企业资本运营方式的影响。本书力求在研究中做到将微观分析与宏观分析相结合，从而更客观地总结出版企业资本运营的内在规律，使提出的建议更具有现实可行性。

第三，采用比较分析的研究方法。比较分析法是社会科学研究的重要研究方法。"有比较才有鉴别"，通过辨别被比较对象的差异能更好地揭示研究对象的特征。在研究过程中，本书主要在以下两个方面运用比较分析法。一是运用比较分析法借鉴和学习出版业发达国家资本运营的经验。资本运营虽然是我国特有的经济术语，但是出版业发达国家无论是在理论上还是在实践中，都积累了丰富的经验。研究我国出版企业资本运营时应该通过中外比较的方法学习和借鉴对我们有益的国外经验。二是运用比较分析法研究资本运营的有关概念和资本运营方式，如资本和资产、并购与合作、股份制的不同形式等。通过比较分析，明确它们之间的联系和区别。这是为出版企业资本运营提出有价值建议的前提。

出版企业资本运营的理论基础

资本运营的前提是运营主体产权清晰，所以，研究出版企业资本运营活动首先要对出版企业性质进行界定。出版企业完成转企改制后，属于知识型的经营企业，仍然具有经济性和文化性的双重属性。作为经营性企业，它拥有经营自主权和市场主体地位。作为知识型企业，出版企业运营具有文化性。文化性是出版企业运营的本质属性。出版企业的文化属性使其资本运营有别于一般生产企业的资本运营行为。

本章的主要内容是界定出版企业性质，为后面研究企业运营行为提供依据；阐述与出版企业资本运营相关的思想学术理论，具体包括资本运营理论、经济学中的投融资理论和产权理论，目的是为后面的研究提供理论基础；梳理我国出版企业资本运营的历史，从而更好地利用其他学科的理论成果指导我国出版企业的资本运营实践。

第一节　出版企业的性质

明确出版企业的性质，是正确认识出版企业资本运营的前提。从企业管理的角度看，出版企业属于知识型的经营企业。作为知识型的经营性企业，出版企业资本不仅具有一般经营性企业的共性，而且具有自身的特性。因此，出版企业必须正确处理好出版的文化性与经营性的关系。文化是目的，文化性是出版企业的本质属性；经济是手段，经济性是出版企业的附加属性。出版企业存在的价值在于对社会发展所作出的文化贡献，出版企业运营本质上是文化运营，这一特点突出体现在出版物运作和出版企业经营方面。

一 出版企业是经营性企业

新中国成立后，我国对出版社性质的界定经历了三个阶段。

第一阶段，从新中国成立后到"文化大革命"时期，这一时期出版社属于企业，一直实行企业化管理。王仿子先生在《回忆新华书店总管理处》一文中说："国营的出版机构是企业，实行企业化管理这是建国初期决定的。一直到'文化大革命'，出版社的企业性质和一套企业化经营管理办法没有改变。"

第二阶段，改革开放后到 1992 年，出版企业处于"事业单位，企业化管理"阶段。1983 年 2 月，文化部出版局颁发《关于出版社、新华书店总店、中国印刷公司列入 1982 年调资范围后的几项规定》中称："一、出版社的性质属于事业单位，仍实行企业管理。二、出版社的奖金、福利按事业单位标准发放、奖金一个月；福利发放标准按……财政部……文件执行；劳保取消。三、出版社的奖金、福利与利润脱钩……"此后，中央非直属出版社和地方出版社也纷纷仿照办理。自此出版社"事业单位，企业化管理"的属性便深入人心。

第三阶段，1992 年至今，出版企业处于深化改革阶段。1992 年，在全国新闻出版局局长会议上，宋木文先生提出："具备条件的出版单位可以由事业单位转为企业。出版单位的生产活动要按照企业的规范进行。要加强企业管理的分量，提高企业管理水平。"此后，我国出版社开始了由事业单位向企业单位转制的过程。2003 年，国务院颁布文件决定除人民出版社一家保留原来的公益性事业单位的体制之外其他所有出版社都将转型为经营性企业单位。自此，我国出版社被界定为企业。

由此，本书中所指的我国出版企业是指转制为经营性企业的出版单位和发行单位，包括从公益性事业单位和经营性企业单位剥离资产后组建的有限责任公司或者股份有限公司。

二 出版企业是知识型企业

随着知识经济的兴起，以知识为基础的知识型企业逐渐在经济发展中发挥强大的力量。根据美国著名的 Teleos 公司和 KnowNetwork 网络两家机构的调查，2004 年在美国纽约证券交易所或者在纳斯达克市场上市的最受赞赏的以知识为基础的企业的资产回报率为 7.3%，几乎是世界企业 500 强中位值的 4 倍；而在 1993—2003 年十年间的股东收益率为 19.3%，几乎是同期世界企业 500 强中位值的 2 倍。① 这些数据说明，知识型企业具有巨大的资本增值潜力，是知识经济时代的主导力量。

关于什么是知识型企业，不同学者具有不同看法。1962 年美国经济学家弗里茨·马克卢普（Fritz Machlup）最早提出"知识产业"的概念，并从知识产业外延的角度对知识型企业进行界定，他认为，从事教育、研究与发展、传播业、信息设备、信息服务五个产业的企业就是知识型企业。此后，众多中外研究者从不同角度对"知识型企业"这一概念进行了界定。日本学者野申郁次朗和竹内广孝从产品特点角度将知识型企业定义为"生产知识产品的企业"②；查尔斯·萨维奇从组织形态角度将知识型企业定义为"一种知识网络的组织"③；陈志祥从资源要素角度将知识型企业定义为"以知识为主要的投资主体，以知识的投入、知识沟通、知识创新为目的的社会经济组织"④。

根据上述诸多定义可知，知识型企业必须具备三个要素：第一，知识型企业是以知识作为投入与开发的核心资源；第二，知识型企业存在和发展的动力是知识创新；第三，知识型企业的功能是从事知识生产、知识应用和知识传播。

出版企业具有知识型企业的三个要素：第一，出版企业是以出版物内容作为投入与开发的核心资源；第二，出版企业存在和发展的动力是出版内容的不断创新；第三，出版企业具有积累知识、传播先进文化的社会功能。所以，我们认为，出版企业属于知识型企业。

与一般工业企业相比，知识型的出版企业具有以下几个方面的特征：

（一）出版企业的核心资源是知识

出版企业与一般工业企业最主要的区别在于，出版企业价值增值的基础是出版物中蕴涵的知识内容，而一般工业企业价值增值的基础是实

---

① 数据来源：杨运杰、谢瑞巧《知识型企业资本结构研究》，中国经济出版社 2006 年版，第 8 页。
② 张海涛：《知识型企业并购的风险管理》，上海社会科学院出版社 2007 年版，第 34 页。
③ 同上。
④ 同上。

物资本。出版企业将出版物内容视为企业内部最核心的资源，并围绕出版物内容开展出版活动，原因在于内容资源可以重复使用，具有报酬递增的特征，能够帮助企业形成核心竞争优势。出版企业将出版内容作为增强竞争力的主要资源，企业内部有形资产的比例逐渐降低，这与一般工业企业依靠自然资源优势积累资本的方式完全不同。这也是上市出版企业的市盈率往往高于平均市盈率的原因。作为知识型企业，出版企业必须强调知识在企业发展中的核心地位，必须充分利用知识资本来实现企业价值的增值。

（二）出版企业的重要资本是知识型员工，即人力资本

在传统的工业企业中，员工是企业的一项成本费用，而在出版企业，员工是企业的一项重要资产。资产的一个重要特征是在可预见的未来能够为企业带来价值增值。出版企业的员工将自己拥有的专业性人力知识投入企业生产中，推动出版企业的知识创新，提高企业的赢利能力，从而使企业价值增值。所以，知识型员工是出版企业的重要资产。

（三）出版企业的产品形态具有多样性

在数字时代，同一内容的出版产品具有多种表现形式，如一项科研创新成果可以用纸质书刊、磁盘、光盘、数据库等多种形式存储。由于出版产品中的知识内容可以独立于物质载体而存在，所以，消费者虽然购买的是不同形态的出版产品，但是他们得到的是一样的知识价值。这一点与一般消费产品具有明显区别。所以，很多出版企业通过并购的方式实施跨媒介出版，创新出版产品形态，延伸出版产业链。

三 从畅销书看出版企业运营的本质属性

美国普林斯顿大学出版社前社长小赫纳特·S. 贝利在其著名的《图书出版的艺术和科学》一书中所说："出版社并不因为它经营管理才能出名，而是因为它出版的书而出名。"[①] 可见，出版企业的存在价值通过出版物得到体现，出版企业要通过出版物来传播先进文化，积累人类文明，提高人们的文化素质。在我国出版史上，商务印书馆、中华书局等出版企

---

① ［美］小赫纳特·S. 贝利：《图书出版的艺术和科学》，王益译，中国书籍出版社1995年版，第218页。

业之所以地位崇高，就是因为它们出版了大量优秀图书，对中华文化发展作出了突出贡献。因此，出版企业运营本质上是文化运营。那么，出版企业运作具有浓厚商业气息的畅销书也属于文化运营行为吗？

伴随着出版产业化的步伐，近十几年来，我国书业的畅销书意识大大增强。20 世纪 90 年代末期，科利华斥巨资运作的《学习的革命》以 800 多万册的销售业绩开创了我国图书产业化运作的新模式，这使出版界意识到原来图书也需要大资金的投入，发现资本运作下市场营销的作用甚至大于文本的作用。此后，各个门类的畅销书陆续登上图书销售排行榜。从《梦里花落知多少》等青春文学图书，到《冒险小虎队》等少儿文学图书；从《谁动了我的奶酪》等励志类图书，到《大败局》等经管类图书……畅销书给我国出版业带来了巨大的经济利益。北京开卷图书市场研究所对全国百家零售书店的销量统计数据表明，"占中国图书品种 6.7% 的畅销书，创造了图书市场 68.9% 的利润"①。与此同时，畅销书也促进了优秀文化的传播，还能提高人们文化素质。典型代表就是"泛文化"类畅销书。

2006 年 11 月，经北京师范大学教授、知名影视策划人于丹授权，中华书局出版发行了《于丹〈论语〉心得》一书，首印 60 万册。2006 年 11 月 26 日，该书在中关村图书大厦首发签售时，一天签售量达 12600 册，创下单店单本图书销售的新纪录。在《中国图书商报》各书城书店的社科类畅销书排行榜上，以绝对优势连续数月傲居榜首。该书出版两个月销售就突破 200 万册。②

《于丹〈论语〉心得》的火爆热销，使我们联想到易中天的《品三国》、刘心武的《刘心武揭秘〈红楼梦〉》和安意如的《思无邪——诗三百》等一系列文化图书叱咤各畅销书排行榜的盛况。这类文化图书的共同点是再现和重新解读文化经典。事实上，除了古典文学以外，历史学、哲学、生物学和社会学等领域都有很多类似的图书出现，并且迅速成为该领域的畅销书，如《剑桥中国史》、《十五堂哲学课》、《中国古代社会生

---

① 孙曾燕：《浅谈畅销书的策划与营销》，《中国出版》2006 年第 1 期。
② 翁向红：《200 万册！〈于丹〈论语〉心得〉奇迹在延续》，《中国图书商报》2006 年 1 月 26 日第 1 版。

活史》等都是将专业的、学术的知识以散文、小品文、演讲或小说等大众化形式出版。这种"学术著作的市场化、社会科学的社会化"出版，我们可以称为"泛文化"出版。

一般而言，大众图书提供"娱乐"，教育图书提供"学习"，专业图书提供"信息"。目前市场上以大众形式出版的专业书和学术书主要是为了满足读者休闲、娱乐、消遣的需要，所以，"泛文化"图书仍然属于大众出版物。"泛文化"图书的畅销有深刻的社会背景，也符合特定的传播规律。

首先，经济的发展使人们更注重精神消费。正如某些研究者所指出的那样，消费者对意义的消费和价值的消费正逐步取代对物的实用功能的消费。以前人们读书，是用精神收获弥补物质的不足；现在人们阅读，是在解决温饱问题之后寻求更多的精神享受和高雅的生活情趣。此外，从更深层次上分析，由于我们历来有"怀古"情结，加之现代道德标准的缺失，所以人们把兴趣投向到了"传统文化"。早几年充斥电视荧屏的历史题材的电视剧正是这个传统文化潮流产生的早期信号，同进也滋生了"泛文化"图书的热销。

其次，"泛文化"图书契合目前的社会文化心理。无论是古典文学、哲学，还是生物学、心理学，当一本专业书或学术书在市场上反响良好时，它必定是契合了当时某种流行文化心理。例如，《于丹〈论语〉心得》反映了在信息高度发达的社会中，人们对人际交往的困惑；《思无邪——诗三百》活化了今天女性的情感和心灵；《十五堂哲学课》体现了人们在对西方哲学的认识不断加深的前提下，重新思考中国古代哲学观。可见，"泛文化"出版反映了特定时期的社会文化心理。

此外，"泛文化"图书的娱乐性因符合娱乐传播规律而适合广泛传播。荷兰学者约翰·胡伊青加在论述游戏特征时指出："在几乎所有较高的游戏形式中，重复与变化的因素就像织物中的经线和纬线。"① 每一本书也是在"重复"和"变化"中使人获得娱乐的快乐。美国《书评家》有这样一个结论：一本新书，如果它的创新低于10%，读者是没有兴趣

① ［荷］约翰·胡伊青加：《人：游戏者——对文化中游戏因素的研究》，成穷译，贵州人民出版社1998年版，第10页。

的；而它的创新超过了30%，读者同样是没有兴趣的。这是"重复与变化"的平衡规律在出版业的反映。重复是轻松的前提，变化是阅读的价值。处理两者的矛盾和统一，是一本文化图书畅销的关键。

出版"泛文化"图书是值得肯定的，它对于丰富读者知识、传播学术思想、维护国家文化利益具有积极意义。

首先，对于读者而言，"泛文化"图书"寓教于乐"，给普通读者学习相对深奥的知识提供了便捷有效的途径。许多人因于丹而初步了解《论语》，因安意如而对《诗经》产生浓厚的兴趣。"泛文化"图书还能为读者提供健康的休闲方式。在社会学的休闲理论中，美国学者纳什曾经提供了一个从道德角度排列的休闲等级序列，在他看来，包括阅读在内的创造性活动是最高级的休闲。"泛文化"出版作为图书出版的重要组成部分，是丰富读者文化生活和休闲生活的重要方式。

其次，对于优秀的文化思想和先进的学术成果而言，"泛文化"图书用通俗简约的形式表达高深的学问，将宝贵的思想资源普及到大众中去。在文化史上，深奥思想转化为大众阅读的例子很多。例如哲学原本是书斋里的学问，20世纪30年代却被艾思奇的《大众哲学》演变为大众阅读；还有一些警句名言，如尼采的"上帝死了"、海德格尔的"人，诗意的栖居"等，也是由于相关著述的流传而广受西方人的欢迎。同样，我们倡导的优秀文化和先进学术成果，最终也只有得到大众的共识才有普遍的现实意义。例如，读者为了重新认识于丹和《论语》会去读原著。《于丹〈论语〉心得》出版一个月后，蓝天出版社的《论语》以922册的销售量登上《中国图书商报》1月大书城总榜。[①]

另外，对于国家文化利益而言，出版"泛文化"图书有利于维护国家文化安全。"文化身份、主流价值观、文化产业和文化创造力构成国家文化利益的四个组成部分，也是维护国家文化安全的重点所在。"[②] 随着跨国资本的兴起和信息传播技术的发展，西方殖民主义文化将会作为一种强势文化进入，极易削弱中华民族文化身份，改变国民的审美情趣和主流价值观。这肯定会损害国家利益。"泛文化"出版是利用传统文化在民众

---

① 小船：《新年新节新气象 众多亮点悦市场》，《中国图书商报》2007年2月13日第5版。
② 张玉国：《国家利益与文化政策》，广东人民出版社2005年版，第133—134页。

心理上积淀深厚的优势，寻找经典文化与当代社会的契合点，以民众乐于接受的方式传播优秀文化。所以，它有利于强化中华民族文化身份，构建我国的主流价值体系，发展本土文化产业，培养民族文化创新能力。

由此可知，出版企业运营畅销书，实质上是通过商业化运作的方式使文化产品在民众中普及，使产品中蕴涵的文化知识得以广泛传播，发展我国文化产业。这一文化性体现在以下三点。

（一）出版企业运营畅销书需要遵守文化传播中"重复与变化"的规律

从上述荷兰学者约翰·胡伊青加的游戏特征中，我们可以得到一些启示。出版者企业要善于捕捉已畅销图书的"重复"，也就是社会热点图书的类型，同时要了解每一种书在共同"重复"之中的特殊"变化"。"重复"使图书具有大众特征，让更多读者在一种低水平的认识经验中轻松完成阅读。"变化"使图书避免跟风媚俗，体现出版价值。

（二）出版企业运营畅销书需要把握读者的文化认知特点

正如上海古籍出版社赵昌平所言："俗文化的受众远远多过雅文化，而雅文化的每一次更新，几乎都是在吸纳俗文化与外来文化的过程中完成的。"[①] 在现代文化潮流下，文化受众更多地接受流行文化和外来文化。所以，出版企业在传播文化尤其是高雅文化时，必须考虑读者对象的知识积累程度和阅读兴趣，要采用读者易于接受的表达方式传播具有思想深度的文化。

1. 结合时代内涵和社会文化心理，用生活化的语言呈现优秀的经典文化和深奥的学术成果

一般而言，面向大众市场的畅销书具有消费性、娱乐性和快餐性的特点，所以必须采用通俗明了的大众语言。如《礼乐人生——成就你的君子风度》采用演讲的形式和现代语言诠释中国古代礼仪制度，学术化的文稿《中国传统思想的精华》改写成通俗易懂的《十五堂哲学课》才能登上哲学类图书畅销榜。"以白话诠释经典，以经典诠释智慧，以智慧诠释人生，以人生诠释人性"是出版企业运营畅销书的原则。

2. 处理好畅销书与深阅读的关系

畅销书虽然摒弃了晦涩难懂的专业术语，但是这并不意味着缺少文化

---

① 严奉强：《传统文化类图书选题优化的本土观》，《出版发行研究》2006年第11期。

层次与深度。它们也可以在一定程度上反映人们的生存状态和人类的生命过程，也可以涉及诸如人生意义和人生幸福等有相当深度的问题。畅销书的深浅，取决于作者、编者和策划者思想层次的深浅。

（三）出版企业运营畅销书需要增强文化传播意识，主动参与社会文化体系的建构

出版企业有责任探索一条将畅销书做成经典图书的道路，使一部分作品能够经受时间和空间的检验，作为文化积累传承下去，一方面可以努力将畅销文化打造化成经典文化，另一方面可以从传统文化中寻找优秀选题。

1. 阐释优秀大众文化的时代意义和经典价值

时尚图书在一定条件下可以转化为经典文化。最典型的例子就是英国企鹅出版社的"企鹅经典丛书"，它当年出版的初衷，仅仅是为读者提供娱乐消遣，但是在传播和发展的过程中却成了被社会公认的 20 世纪最有教育意义的一种力量。许多中华经典文化也是大众文化在一定条件下转化而形成的，如《诗经》中的作品原本是当时的民谣俚曲，却成为后世的风雅之师；《水浒传》、《西游记》等小说，原来都是民间的大众文化。因此，出版者有责任将优秀的大众文化转化为经典文化，表现对社会文化的整体关注和终极关怀。

2. 处理好畅销书与传统文化的关系

出版畅销书不能单纯地从娱乐角度出发，还要重视娱乐因素与社会伦理以及意识形态的适应性。读者作为大众传播链上的受众，可以按照自己的娱乐需要和审美趣味选择阅读。这种选择一方面受到自身思想、修养、文化层次的局限，另一方面也只能在既定的出版范围内进行。因此，作为有社会责任感的出版者，要以"取其精华，弃其糟粕"的原则对待传统文化，不仅要站在读者角度，而且要站在比读者更高的时代角度提升出版物，代表社会理性对文化建构实施有效控制。

四 从"走出去"战略看出版企业运营的本质属性

在全球化、信息化的背景下，我国文化不断遭受外来文化的冲击，在此国际背景下，中国出版业"走出去"成为国家文化发展战略的重要组成部分。"走出去"战略的实施不仅直接影响到我国的国际形象和文化地位，而且能促使中华文化在世界范围发挥作用，同时也有利于出版企业从

全球获取资金、技术和市场。因此，许多出版企业将实施"走出去"战略作为企业运营的重要内容。

例如，近几年来，中国出版集团制定了海外发展战略，在海外出版、版权贸易、海外网点建设和海外书展等方面不断推动"走出去"工作。第一步，"借船出海"，借助国外的渠道让产品和版权"走出去"；第二步，"造船出海"，在海外建立自己的出版机构，让品牌和实体"走出去"；第三步，"买船出海"，让资本"走出去"，到国际上收购出版公司。前两年，中国出版集团公司已经在澳大利亚、法国、加拿大收购当地出版社，成立合资出版公司。例如，2007年9月，中国出版集团协同下属的中国出版对外贸易总公司，分别与法国博杜安出版公司、澳洲多元文化出版社签订协议，成立三方合作出版社，在法国巴黎注册成立"中国出版（巴黎）有限公司"，在澳大利亚悉尼注册成立"中国出版（悉尼）有限公司"。同年10月，中国出版集团又协同下属的中国图书进出口（集团）总公司与培生教育集团，在书展期间与美国签署了合资成立"中国出版（纽约）有限公司"的意向协议备忘录。

正当各家出版企业积极实施"走出去"发展战略和"中国图书对外推广计划"的时候，却迎来了2008年。2008年是不平凡的一年，上半年还是原油价格高涨、房市股市泡沫严重，下半年就是原油暴跌，股市大滑，房市清冷，各国央行被迫联手降息救市，让人深深体验到经济的萧条。发端于美国华尔街的金融危机席卷全球，各行各业均受到冲击，出版业也未能规避，欧美书业的不景气初现端倪。这主要表现在图书销量下降和资金紧张两个方面。

第一，图书销售额下降，利润减少。金融危机对美国和英国图书零售业的冲击特别大。

在美国，奥巴马当选美国新总统也没有给美国带来新一轮的图书销售增长。根据Reed Business Information的调查数据，三大实体连锁书店——巴诺书店（Barnes & Noble）、鲍德斯书店（BorderStores）和百万书店（Books-A-Million）第三季度的销售额和2008年全年的销售额都明显下降。巴诺书店第三季度销售额下降了4.4%，降至11.234亿美元；[1] 鲍德

---

① Jim Milliot, "As Bad As It Gets?" *Publishers Weekly*, Vol. 48, 2008, p. 4.

斯第三季度销售额下降了9.4%，2008年总销售额比2007年下降了10%，净损失1.722亿美元；① 百万书店第三季度销售额下降了5.7%，2008年的总销售额为51.33亿美元，比2007年减少了4.1%，净利润约为1080万美元，较2007年的1650万美元减少了34.5%。②

在英国，根据尼尔森图书调查英国公司公布的英国图书销售数据，2008年11月16日至22日，英国销售图书约540万册，比2007年同一时段下降5.1%。③ 2008年，英国大型出版企业均出现了不同程度的利润下降。阿歇特（Hachette Livre UK）是英国利润额和市场占有率最高的出版企业，2008年的利润额为2.825亿英镑，但是比2007年下降了5.4%；企业集团（Penguin）的利润额为1.773亿英镑，比2007年下降0.9%；数字出版的国际领军企业——爱思唯尔（Elsevier）在2008年度销售册数和销售码洋分别下滑3.7%和1.8%；而布鲁斯伯里（Bloomsbury）2008年的利润额下降的幅度更是高达42.6%。④

第二，融资困难，资金链紧张。在资本运营方面，金融危机对海外书业企业的股权融资和债券融资都造成了严重影响，最明显的表现是出版股价狂跌和书业企业贷款困难。

表现之一，出版股价下跌。从2007年12月31日至2008年6月30日的半年中，出版商周刊股指（Publishers Weekly Stock Index）整体下滑了17个百分点。下滑惨重的是书业零售企业。根据U. S. Census Bureau的调查数据，金融危机发生以后，美国三大实体连锁书店的股票均出现了不同程度的亏损。从2008年10月31日至11月28日，巴诺书店的股指下跌了16.4%，鲍德斯连锁书店的股指下跌了68.4%，百万书店的股指下跌了30.5%。⑤ 而全球最大的网络书店——亚马逊的股票在纳斯达克股票市场的每股价格在2007年12月31日为92.64美元，到2008年10月23

---

① 《业绩下滑 美国书店萧条迎圣诞》，2009年4月22日，中国新闻出版信息网（http：//www. cppinfo. com/XinWen/XinWen_ detail. aspx？key＝14291＆lmgl_ id＝3＆ztgl_ id＝52）。

② Jim Milliot, "Few Bright Spots for Chain" Publishers Weekly, Vol. 12, 2009, p. 3.

③ 《欧美出版业的困局与对策》，2009年4月22日，人民网（http：//media. people. com. cn /GB/40628/8622193. html）。

④ 《2008：暴风雨中的英国出版业》，2009年4月22日，数字出版在线网（http：//www. epuber. com/？p＝38709）。

⑤ "Industry Stocks：November Performance" Publishers Weekly, Vol. 49, 2008, p. 12.

日已经跌至 49.99 美元，跌幅为 46%。

表现之二，书业企业贷款困难。作为传播文化和积累文化的机构，国外书业企业一般都能得到政府的资助，贷款较为容易。然而，金融危机对银行资本的直接冲击亦对欧美出版公司和图书发行公司造成了负面影响。例如，2008 年年初，鲍德斯以资产抵押的方式向冰岛的 Landsbanki 银行申请了 2300 万英镑的贷款并得到批准，而金融危机的冲击使鲍德斯的银行融资受到严重影响，最后还是凭借英国政府对 Landsbanki 英国支行提供的短期担保贷款才得以暂时解决资金周转问题。在欧美，与鲍德斯相似的情况很多，如英国第二大图书批发商贝特拉姆也陷入了信用危机，股票暴跌 25%，起因在于信用保险公司停止对其母公司伍尔沃斯集团提供信用担保。

由此可见，金融危机使海外书业面临着严峻挑战。那么，金融危机对我们出版企业正在实施的"走出去"战略和"中国图书对外推广计划"究竟会有什么影响呢？

在全球经济一体化的情况下，金融危机肯定会对我国出版业造成一定的负面影响，比如成书出口的下降、回款难度增大等，但同时也给我国书业向海外发展提供了新的契机。

从宏观的国际政治经济格局看，"美国制造"的金融危机扩大了我国在全球的政治经济影响力，尤其是扩大了在中美关系上的主动权。在 2008 年 12 月初举行的第五次中美战略经济对话中，一直是美国给中国上"经济课"的局势发生了转变。国外舆论指出，中国利用这次对话机会给美国上了一堂"经济课"。美国智库布鲁金斯学会的高级研究员埃斯沃·普拉萨德表示："这场金融危机的一个结果是：在金融或宏观经济政策方面，美国不再占据给中国上课的高地。"在这种时代背景下，我国国际地位的提高有利于加快出版业"走出去"的步伐。

从中观的国际出版格局看，因金融危机而遭受重创的欧美出版业开始将重心东移。我国市场越来越受到西方国家的关注。2008 年 9 月的第 15 届北京国际图书博览会期间，包括法兰克福书展、伦敦书展、美国书展在内的全球顶尖几大书展商都来到我国。西方人希望更多地了解当代中国的情况和中国人的思想，对中国主题的作品出版表现出浓厚的兴趣。

从微观的版权贸易实践看，金融危机爆发后，我国的版权输出数量和质量仍有所提高。特别是在 2008 年 9 月的第 15 届北京国际图书博览会上，我国版权输出取得了丰硕成果，不仅文化类和科技类图书的输出数量有所增长，而且我国当代教育家的个人教育理论著作也首次输往海外。例如，湖南投资控股集团与法国墨蓝出版社签署了"中华文化丛书" 12 种图书的法文版版权转让协议，中国科学出版集团的《中国植物志》被美国一家出版社买走了版权，《朱永新教育文集》（十卷本）韩语版版权被韩国语文出版社买走。

从文化交流的角度而言，出版物的广泛流通和传播显示了出版者所属国家的文化影响力和软实力，而国家政治经济力量的增强又促进了出版物在国际市场上的广泛传播。在不断提高国际政治经济地位的大时代背景下，欧美人更容易接受我们的文化产品。

这说明金融危机对我国出版企业而言是一柄"双刃剑"。那么，我国出版企业究竟应该怎么做呢？其实，出版企业如果明确了"走出去"的价值取向，立足于出版企业运营的本质属性，采取可行的应对策略，也能够化"危"为"机"，开拓新的国际市场。

我们知道，出版工作兼具经济属性和文化属性，出版业的双重属性决定了出版企业"走出去"的价值取向也应该具有经济和文化两个层面的意义。

从直观的经济层面看，出版企业实施"走出去"战略是为了减少版权贸易形成巨大逆差。长期以来，我国在对外图书贸易中处于逆差地位，欧美地区是版权贸易逆差最大的一块（见表 2—1）。我国目前已经与海外 20 多个国家建立了版权贸易关系，但是对东亚地区（中华文化辐射区）的版权输出占据了七成以上的份额，西方市场一直是我国图书出口难以进入的领域。虽然有麦克米伦以 10 万英镑购买《于丹〈论语〉心得》英文版版权的成功案例，但是此等案例何其有限。迄今为止，我国图书并未在欧美国家产生广泛影响。因此，缩小与欧美国家的版权逆差是我国出版企业实施"走出去"战略的直接目的。

从深远的文化层面看，出版企业实施"走出去"战略也是为了提高中华文化的国际影响力。出版业属于文化产业，出版"走出去"属于文化输出。一般而言，文化输出有两个目的。一是增强我国在国际上的综合力量。这是将文化作为国际权利的砝码和国家软实力的资源，从国家的全

表 2—1　　2000—2007 年我国对美、英、韩版权输出总量与引进总量情况①

输出与引进	美国	英国	韩国
输出总量（项）	396	276	1352
引进总量（项）	31023	13387	2253
输出与引进百分比（%）	1	2	60

球战略利益出发，着眼于我国在国际综合实力结构中存在的文化弱势，意图借助全球文化多元化的传播趋势，巧妙加强我国的国际力量势度。二是展示中华文化的魅力，也就是众多文人学者提出的"东方文化的 21 世纪"，或者叫做"发现东方"。这是借助西方文化进入工业文明以来日益严重的自身危机感和自我反省（如以反欧美文化和后殖民主义等为代表的后结构主义的一系列思想成果）之机，展示东方文化的魅力，弥补危机，预见人类文明发展的趋势，提出人类文化进步的方案。虽然两者的出发点有所不同，前者是从实用的国际政治战略角度探寻文化输出的价值，后者是从深远的哲学角度思考人类精神文化追求，但是两者有一个共同点，即具有对传承中华文化的使命感，进而是对传播人类文化的责任感和义务感。

鉴于出版企业"走出去"战略的经济意义和文化意义，而文化性是出版工作的本质属性，所以，我们认为，出版企业"走出去"属于文化经营。"走出去"的价值取向应该着眼于出版的文化属性，其终极目标和最高境界是进入欧美主流文化市场。

一般而言，我国出版业"走出去"主要有成书出口、版权输出和设立海外出版机构等三种形式。由于受金融危机的影响，海外图书销售量的下降使成书出口的分销风险更大，国际资金链紧张使设立海外出版机构的资本风险增加。相比之下，版权输出是金融危机背景下我国出版企业实施"走出去"战略的最佳方式。

此外，出版产业是内容产业的一部分，出版物主要是借助纸质媒介和电子媒介传播特定的内容。因此，与一般的制造企业相比，出版企业营运的多样性特征更为明显，并且受到当地政治经济和历史文化传统的影响，

① 根据 2000—2007 年《中国出版年鉴》和新闻出版总署计财司的有关数据统计而成。

这种影响非常深远而隐秘，很多时候不经过本土化的浸染和消化根本不可能有市场，因此，我们需要采用跨文化沟通式版权输出。这是我国出版企业在金融危机背景下进一步走入欧美主流文化市场的最佳途径。

跨文化沟通是在一定时间和空间发生互相碰撞，相互接触，从中互相学习，彼此融合，从而不断发展的一种文化现象。跨文化沟通式版权输出就是用我国将要输出的文化与输入国的有关背景相联系，创造出适销对路的出版产品，然后围绕版权许可或版权转让而进行的一种对外出版贸易活动。在对欧美市场进行跨文化沟通式版权输出时，出版企业运营的文化属性表现得更为明显。

（一）在心态方面，出版企业需要正确对待双方的文化差异

不可否认，与其他地区相比，欧美文化与我国文化差异最大。同时，我们也要注意到，虽然欧美向我国输入文化也同样存在文化差异的问题，可是他们历年对我国的版权输入量都很大，甚至远远超过其他地区的总和。因此，在我国国际政治经济地位不断提高的背景下，出版企业需要深入欧美文化市场，充分了解欧美读者的欣赏习惯和阅读兴趣。

（二）在选题方面，出版企业应该寻找人类共同文化价值观

从文化传播和交流的角度看，出版物内容的通俗性、可读性和包容性是决定出版物流通范围和影响力的重要因素。在当今这样充分开放、双边或多边文化交流非常频繁的环境里，出版企业必须考虑人类在发展过程中积淀形成的"共同价值"的问题，即民主、自由、平等、博爱等理念应该成为人类共同的追求，这些价值观就属于"共同价值"。出版企业在思考如何走入欧美文化市场的问题时，会考虑选择那些容易被不同文化背景、宗教背景、社会发展背景的各国读者所认可的题材。例如，被英国企业出版集团以 10 万美元预付款买走英文版版权的《狼图腾》，是一个没有差异的动物故事，这个故事映射出人与动物如何相处、传统文化与现代文化如何对接等全球关注的话题，因而适合西方图书市场的读者群。

（三）在内容方面，出版企业需要结合欧美国家的文化背景实现内容创新

欧美市场不同于东南亚市场。作为深受中国传统文化影响的日韩等东南亚国家较为关注中国传统文化方面的书籍，如武术、气功、中医以及我国传统艺术和语言方面的出版物。这类出版物虽然也被欧美市场认可和接

受,但主要是作为"异国情调"而成为西方主流文化生活的点缀,所以,其地位是边缘的。为了扩大市场占有率,出版企业在输出版权时,有必要结合欧美国家的文化背景推出适当的出版产品。例如,由辽宁出版集团出版的深受欧美人士欢迎的《中国读本》之所以能够一举成功进入欧美主流文化市场,主要是因为该书的内容适合国外读者,书中每叙述一件在中国发生的重大事件,往往会与世界上同一时期发生的著名事件作比较,并配置了大量图片,这使外国读者更容易理解。又如,关于一些中国传统文化的选题《论语》、《道德经》等,除了翻译原文之外,还应该结合欧美人的实用主义理念,阐述如何用这些古老的东方哲学智慧解决他们的现实问题。

(四)在表达方面,出版企业应该采用欧美人易接受的语汇和表达方式

多媒体的内容产业还可以通过光电声和高科技缩小文化差异所产生的沟通障碍,而图书出版业,主要是看文字,即使图书的内容恰当,还要看翻译语言、写作风格等。同样的选题,如果采用的语言、词汇、表达方式不同,受众的接受效果也会不同。我们发现,随着我国国际影响力的提升,越来越多的美国人对中国文化以及当代中国人的思想感兴趣,美国出版商近年也推出了大量中国题材图书,可是,其中销量较大的图书的作者大多是美国人而不是中国人,像一度进入《纽约时报》畅销书排行榜前200名的由约翰·威利父子公司出版的《没有中国制造的一年》一书的作者是美国记者萨拉·邦焦尔尼,还有由哈珀·柯林斯公司出版的《江畔之城:长江边的两年》也是由美国人彼得·赫斯勒写的。这些事例给我们的启迪是,在面向欧美市场输出版权时,出版企业必须注意进行作品创作应该采用欧美读者习惯的语言、词汇和表达方式。

可见,在经济全球化时代,出版企业如果明确"走出去"的目标取向,认清企业运营的本质属性,就能发现,国际金融危机即使对全球出版业产生了极大的负面影响,也能为我国出版企业"走出去"带来新契机。

第二节　出版企业资本运营的理论基础

国内外学术思想史上可供借鉴的经济学理论很多。本书主要涉及与知识型企业资本运营相关的资本运营理论、企业融资理论和产权理论。资本

运营理论讨论与解决的是效率与手段的问题，为出版企业的资本运营实践提供操作规范。企业融资理论讨论的是资本结构与企业价值的问题，为目前出版企业的上市融资提供理论指导。此外，由于资本具有社会属性，体现了一种社会生产关系，所以，出版企业的资本运营还会涉及产权理论。这三种理论共同构成出版企业资本运营的理论基础。

一　资本运营理论

国内外学者一致认为，资本运营的最终目标是实现资本的保值增值。我国学者结合我国国有企业改革实践，认为资本运营理论主要研究"单个企业为了发展生产经营，如何合理地筹措资本，有效地运用资本（包括投资和加速资本周转）和增加资本积累"[①]。筹资是资本运营的起点，投资是实现资本保值增值的关键，积累资本是实现资本扩张的基本途径。

（一）资本运营的目标

从企业经营的微观层面看，资本运营的最终目标是实现资本的保值增值。为了实现这一最终目标，企业追求利润最大化、所有者权益最大化和企业价值最大化。

1. 利润最大化目标

资本的自然属性是实现价值增值，获取利润是资本保值增值的前提，因此，实现利润最大化是企业资本运营的最基本目标。资本运营是通过产权交易为企业获取增量资源，以支持企业实现发展战略目标，其本身与投机行为有本质区别。但是，由于资本运营过程中偶尔会出现超额利润率，所以，在资本逐利性的驱使下，众多企业将资本运营作为投机方式，脱离自身实际情况，盲目扩张实行多元化经营，给企业带来巨大的经济风险。因此，在资本运营过程中，企业需要避免因盲目追求超额利润而增大运营风险。

2. 所有者权益最大化目标

所有者权益是指投资者对企业净资产的所有权，在企业财务报表上体现为实收资本、资本公积、盈余公积和未分配利润等。企业在一定时期实

---

① 夏乐书、姜强、宋爱玲、李琳：《资本运营理论与实务》，东北财经大学出版社 2001 年版，第 59 页。

现的利润越多，从税后利润中提取公积金和向投资者分配的利润就越多。从这个意义上讲，利润最大化目标与所有者权益最大化目标是一致的。但是，如果过分强调所有者权益最大化，就会导致企业过多围绕当期利润和当期财务指标进行资本运营，而忽略企业长期发展战略目标的实现和长期赢利能力的增强。

3. 企业价值最大化

一般而言，将企业在未来若干年的收益用适当的折现率进行折现，得出的现值就是企业的当前价值。因此，企业的价值不仅取决于企业的账面价值和当期赢利水平，还取决于企业在未来一段时间内的获利能力。与利润最大化和所有者权益最大化相比，对企业价值最大化的衡量更为复杂。

这三大目标具有一致性。只有实现了利润最大化，才能保证所有者权益最大化，进而实现企业价值最大化。

（二）资本运营的主要内容

资本运营的主要内容包括资本的筹措、资本的投入和资本的增值等三个方面的内容。

1. 资本的筹措

资本运营的前提条件是拥有足够数量的资本，因此，资本的筹措是资本运营的首要环节。企业创建时必须筹措资本金，企业在进行兼并、收购、技术更新等活动时都需要筹措资本以追加投资，企业因经营不善而造成的资金周转不灵也需要筹措资本以补充资本不足。筹资的目标是在防范筹资风险的前提下从多种渠道以较低资本成本获得企业经营所需资本，并保证资本结构的合理。

2. 资本的投入

投资是资本运营的关键环节，投资决策是否正确，直接决定资本运营的成败。投资决策是根据企业的发展战略，确定投资方向，尽量提高投资效益，降低投资风险。投资方向主要包括实业投资、金融投资和产权投资。实业投资是将资本投入到生产、流通等经营活动，金融投资是为了获得资本增益而购买股票、债券、外汇等金融商品，产权投资的主要形式是兼并、收购、参股和控股等。三者相互联系、相互促进。实业投资是金融投资和产业投资的基础和前提，金融投资和产业投资都是为了更好地服务于实业投资。例如，新华传媒收购华联超市的股票，实现对其控股。从收购华联超市的商业经营业务来看，新华传媒的这一投资行为属于实业投资；从购买股票来看，属于金融投资；如果从对华联超市的控股来看，又属于产权投资。所以，出版企业应该根据自己的经营战略将上述三种形式的资本运营结合起来。

3. 资本的增值

企业将筹集的资本按照投资决策投入使用，使资本流动起来，并且在运动中实现价值增值。实业资本的增值是因为在生产产品过程中凝聚了人类劳动。金融资本的增值是由货币商品所代表的价值发生变化和供求关系发生变化的结果，如股票价值增加的基础是发行股票的企业生产经营形成的增值价值。产权资本的增值情况较为复杂，因产权交易方式的不同而不同。以企业并购为例，其资本运动和增值过程包括两部分：一是并购的产权交易过程，并购方按照被并购方的产权价格支付现金或者证券，获得被并购方的产权；二是并购后的整合过程，并购方和被并购方的资产整合在一起进行统一经营。这不仅扩大了企业资本规模及其运动范围，而且能发挥协同效应，使资本实现更多增值。

二　企业融资理论

理论界对企业融资研究的理论成果主要集中在两大方向，一是以"MM 理论"为中心研究企业价值和资本结构之间的关系，称为资本结构理论学派；二是研究影响企业资本结构的各种因素，称为融资结构决定因素学派。前者是主流的企业融资理论学派，初期主要研究税差和破产成本两个因素。后者着重研究企业规模、企业权益的市场价值、企业赢利能力等影响企业融资行为的因素。

（一）MM 理论

1958 年，美国经济学家莫迪利亚尼（France Modiglian）与米勒（Merton Miller）发表《资本成本、公司财务与投资管理》一文，指出在完善的市场中企业的融资结构选择与企业市场价值无关，由于债务利息免税及税收的屏蔽作用，企业在全部使用债务时其价值最大。这一结论被命名为企业融资的"MM 理论"。该命题虽然假设条件太苛刻，缺乏实证意义，但是为分析研究融资结构问题提供了一个起点和框架。

1963 年，莫迪利亚尼与米勒将企业所得税因素引入原来的分析之中，得出了修正的 MM 理论，即最佳融资结构应该全部是债务，不应发行股票。这个结论显然与现实不符，MM 理论及其修正理论虽然考虑了负债带来的避税效应，但是忽视了负债导致的风险和增加的费用。MM 含税理论模型中完善的市场假设与实际环境有较大差异，所以模型存在很大的局限性。在实际经济生活中很少有企业运用这一模型进行融资决策。

（二）权衡理论

权衡理论进一步发展了企业融资结构理论。MM 理论只考虑了负债带来的纳税利益，但忽略了负债导致的风险和额外费用。根据修正的 MM 理论，企业负债越多，市场价值越大，最佳融资结构应该是 100% 的负债，这显然与事实不符。

20 世纪 70 年代，出现了一种新的企业融资结构理论——权衡理论，也称为"平衡理论"。权衡理论既考虑到负债带来的利益，又考虑了其导致的风险和各种费用，并且通过适当平衡两者来确定企业价值。该理论认为，制约企业无限追求免税优惠或负债最大值的关键因素是由债务上升而形成的企业风险和费用。企业债务增加使企业陷入财务危机甚至破产的可能性也增加，随着企业债务增加而提高的风险和各种费用会增加企业的额外成本，从而降低其市场价值。因此，企业最佳融资结构应该是在负债价值最大化和债务上升带来的财务危机成本以及代理成本之间选择最适点。权衡理论模型说明每个企业都存在着最优资本结构，在此结构下企业的市场价值最大而且加权资本成本最低。

（三）代理成本理论

詹森（Jensen）和麦克林（Meckling）提出了代理成本理论。该理论认为，如果公司举债越多，那么内部股本数所占总股本的比例就越高，这时就存在两种利益冲突，一是经理和全体股东的利益冲突，二是全体股东和债权人的利益冲突。相对于经理人员只有部分股权的公司来说，经理人员具有全部股权的公司市场价值较高，二者的差额构成股权融资代理成本，所以举债是一种可以缓和经理与全体股东利益冲突的激励机制。在债权融资中，债权人为了避免资产替代行为会在合约中限制股东的投资行为，股东就要承担由于借债造成投资价值递减项目所产生的成本，这就是债权融资的"代理成本"。代理成本理论的基本结论是：当债权融资与股权融资的边际代理成本相等时，资本结构最优。

（四）不对称信息理论

美国经济学家罗斯（Ross）将不对称信息理论引入企业融资结构理论中。在他的信号—激励模型中，经理使用企业的负债比例向外部投资者传递企业利润分布信息。投资者把较高的负债看作是企业高质量的表现。为了使债务比例成为可靠的信息机制，罗斯对破产企业经理施加"惩罚"约束，从而保证负债比例成为正确的信号。企业融资的顺序是：先内部筹资，然后发行债券，最后发行股票。"融资顺序理论"存在一个重大缺陷：它属于解释在特定的制度约束条件下企业对增量资金的融资行为的理论，无法揭示在企业成长过程中资本结构的动态变化规律。

（五）控制权理论

控制权理论是产业组织理论的一个重要组成部分，认为企业经理由于对控制权的偏好就会通过调整企业融资结构来影响企业的市场价值。阿洪（Hion）和博尔顿（Bolton）将控制权理论引入资本结构研究中，他们认为资本结构不仅决定企业收入流的分配，而且决定企业控制流的分配。当契约不完备时，谁拥有控制权谁就对企业价值有重要影响。如果进行债务融资，在企业经理不能按期偿还债务的情况下，企业的剩余控制权将转移给债权人，这是最好的控制权安排。对于一些对企业控制权有偏好的经理而言，企业融资结构顺序应该是：先内部筹资，再发行股票，然后发行债券，最后才是银行贷款。

以 MM 理论为开端的企业融资理论曾经对西方国家不同时代的企业融资行为产生过显著影响。但是，我国出版企业融资结构的具体情况与标准理论所描述的模型存在很大差异。这种差异具体表现在以下两个方面。

一是内部融资比例偏低。内部融资的资本来源于企业经营活动创造的利润扣除股利后的剩余部分以及经营活动中提取的折旧，主要是留存收益。内部融资风险较小，可以避免普通股融资带来的所有权和控制权被稀释、信息不对称等问题，所以它是发达国家企业最重要的融资方式。但是我国出版企业折旧期长、折旧率低，并且承担了较高税率（如表2—2所示，出版业销售税率高达13%），使得我国出版企业内部留存资本偏低。

二是偏向于采用股权融资。自20世纪90年代以来，我国股票市场的发展速度远远快于债券市场。目前，出版业也同其他行业一样，存在着非上市公司偏好于争取上市募股融资、上市公司则偏好于配股和增发新股融

表2—2   我国与世界部分国家出版业相对赋税水平情况表①   （单位:%）

比较项目 国家	一般商品 销售税率	出版业销 售税率	相对税差率	相对赋 税水平
法国	18.6	5.5	13.1	41.98
德国	14	7	7	50
英国	17.5	0	17.5	0
摩洛哥	19	0	19	0
菲律宾	10	0	10	0
中国	17	13	4	76.47

资的现象。原因在于：第一，与国外相比，我国股票发行价格偏高，并且上市公司现金股利分配少，所以我国的股权融资成本实际上低于债券融资成本。第二，为鼓励出版企业改制，政府给予了一系列优惠政策，如财政补贴、降低税负、减免利息、优惠土地资源价格等。政府的政策扶持，促成了出版企业改制上市和股权融资的偏好。

因为西方学者的企业融资理论中的某些前提假设（如有效市场假设、融资选择权假设等）与我国出版业现状有较大出入，所以这些融资理论无法解释我国的一些现实情况，但是随着我国资本市场化进程的加快，这些融资理论对我国出版企业的融资行为将具有启迪意义。

首先，出版企业选择不同的融资结构，其最终目的并不是融资，而是获得最佳的委托代理成本和控制权的平衡，从而完善公司治理结构。出版企业进入资本市场，不能单纯为了融资，而应该在资本市场化的过程中转变经营机制，增强市场竞争力，快速扩张企业的规模。这一点对于我国成长型的出版企业具有极其重要的意义。

其次，最优融资顺序并非出版企业将首要追求目标。我国作为一个发展中国家，不可避免存在资本短缺问题。而企业融资理论是以资金来源充足为前提条件，因此，在解决我国出版企业融资问题时，首要目标是追求充足稳定的资金来源，其次才是考虑优化融资结构的问题。

最后，股票作为一种重要的融资工具，并不一定能为出版企业带来效

---

① 罗紫初：《比较出版学》，武汉大学出版社2006年版，第82—83页。

益。股份制改造是目前我国出版企业改革的方向，但并不一定是最佳方式。出版企业如果将上市作为"圈钱"的途径，虽然可以获得上市融资带来的短期繁荣，但是不一定会实现企业价值最大化。对于我国出版企业而言，解决资金"瓶颈"的关键不在于是否上市，而在于上市企业有无健全的"退出"机制和并购机制，在于上市企业能否获得整合经营机制的动力。

所以，在实践中，我们不能简单套用国外成熟的融资理论，必须结合我国出版业实际情况，作出具体分析和决策。

三　产权理论

资本运营是以产权交易为主要特征，因此，产权理论是资本运营的理论基础。对于什么是"产权"，国外学者从不同角度给予了解释。

西方产权经济学家强调产权的行为性。最早提出产权理论的当代经济学家罗纳德·科斯（Ronald Coase）在 1937 年发表的《企业的性质》一文中提出了"交易成本"这一概念，在 1960 年发表的《社会成本问题》一文中明确提出了"交易费用"的概念，他认为交易的本质是权利的交易。科斯产权概念的核心是"行动的权利"。德姆塞茨（H. Demselz）在《关于产权的理论》一文中认为："产权是一种社会工具，其重要性就在于事实上它们能帮助一个人形成他与其他人进行交易时的合理预期。"[①]

马克思认为，产权是生产关系的法律表现。他在《资本论》、《剩余价值论》等经典著作中提到的财产权就是产权。他认为，产权不是单一的权利，而是一组权利的结合体，包括所有权、占有权、支配权、使用权、收益权、处置权等一系列权利。

产权理论可以帮助我们弄清资本运营的两个基本问题：第一，激发出版企业资本运营的动力是什么；第二，出版企业如何通过资本运营整合其内外部资源、实现资源优化配置。

（一）降低交易成本是出版企业资本运营的动力

科斯认为，交易成本是获得准确的市场信息所需要付出的成本以及谈

---

① ［美］H. 登姆塞茨：《关于产权的理论》，载［美］R. 科斯、［美］A. 阿尔钦、［美］D. 诺斯等《财产权利与制度变迁——产权学派与新制度学派译文集》，上海三联书店、上海人民出版社 1994 年版，第 97 页。

判和经常性契约的成本。科斯指出，企业、市场和政府是可以互相替代的资源配置机制，需要企业管理这一行政方式来协调资源配置的原因在于"利用价格机制是有交易成本的"。由于企业取代了市场，企业内部的行政命令取代了市场交易，从而节省了交易成本。企业的本质并不是专门生产某种特定产品的部门，而是平等的所有权之间为降低在市场中的交易成本、获得更多利润和收益而形成的一系列合约的结合体。

出版企业同其他企业一样，在一定的约束条件下追求自身利益最大化。它在现实经济生活中也面临一个企业边界的问题，即市场机制的边际交易成本和企业组织的边际交易成本的相等点。如果出版企业市场机制的边际交易成本小于企业组织的边际交易成本，那么企业存在就是经济的，否则，就是不经济。企业内部的组织交易的行政成本也许很高，尤其是当众多不同活动集中在单个组织的控制下之时。所以，出版企业资本运营的动因是选择一种替代的降低交易成本的资源配置机制和组织形式。

（二）并购是降低交易成本的一种有效资本配置方式

科斯认为，企业是市场机制的替代物，市场与企业是两种可以相互替代的资本配置方式。企业可以通过并购形成规模庞大的组织，使组织内部职能相分离，成为一个以管理为主的内部市场体系。威廉姆森指出，企业通过"契约"降低交易不确定性的同时也约束了自身适应能力，当矛盾难以解决时通过并购将合作者内化为内部机构可以消除上述问题。在企业内部，生产要素不同组合中的讨价还价被取消了，行政命令替代了市场交易。企业的存在大大减少了契约，即某一生产要素所有者不必与企业内部其他生产要素所有者签订契约，这也可以降低交易成本。例如，兼并、股权收购等使企业代替了市场交易，从而降低了交易成本，实现了资本优化配置。事实上，西方国家经历的五次并购浪潮就证明了这一点。

第三节　我国出版企业资本运营的历程

改革开放30多年来，我国出版企业资本运营的历程大致可以分为三个阶段：第一阶段从1978年到1992年，是以市场为导向的萌发阶段；第二阶段从1992年到2002年，是以集团化为主的初级阶段；第三阶段从2002年至今，是以上市为特征的发展阶段。

一 以市场为导向的萌发阶段（1978—1992年）

从1979年全国出版工作座谈会到1992年十四大的召开，是我国出版业资本运营的孕育阶段。在这个阶段，出版企业资本运营的主要特征是市场化，主要方式是"放权让利"和"两权分离"。这一时期的出版产业处于生产经营型阶段，虽然出版主管部门和出版社都没有开展资本运营的想法，但是陆续出台的改革措施客观上为以后的出版企业资本运营奠定了基础。

（一）放权让利

1979年，在长沙召开的全国出版工作座谈会确立了地方出版社要"立足本省，面向全国"的方针，可以不受"三化"（地方化、通俗化、群众化）的限制。这个方针扩大了地方出版社的出书范围，为解放出版生产力作出了贡献。

1982年，文化部在北京召开图书发行体制座谈会，确立了"一主、三多、一少"的出版发行体制改革目标，即建立以国营新华书店为主体、多种经济成分、多条流通渠道、多种购销形式、少流转环节的图书发行网。这表明我国政府开始允许社会资本特别是民营资本涉足出版产业。

随着我国经济体制改革的深入，出版体制改革也进一步推进。特别是1984年在哈尔滨召开的地方出版工作会议明确指出要扩大出版社经营自主权，出版社要由单纯的生产型单位向生产经营型转变。这对出版体制改革起到了重要的推动作用。在传统计划经济体制下，出版社的管理对象主要是具体的图书生产活动，任务是按照出版计划、管理标准等提高出版物质量，降低出版成本，按时完成国家交付的出版任务。这次放权让利使出版社由单纯执行国家计划的生产单位变成具有相对独立运作的经济单位，使出版社的出版经营活动范围得以拓宽，为资本运营这种高级经营形式的出现奠定了基础。

随着企业自主经营权的进一步放开，民间资本也逐渐进入出版领域，但是由于制度性的行业进入壁垒仍然存在，民营资本进入出版业没有明确的法律法规依据，因而处于潜伏的灰色状态，导致出现了一些违规操作现象，如买卖书号等。

（二）两权分离

1984年10月，党的十二届三中全会通过了《中共中央关于经济体制改革的决定》，提出了将生产资料所有权与经营权相分离（即两权分离）的改革思路。此后，我国出版体制改革进入新阶段，改革的指导思想就是在保证出版业意识形态属性的前提下尝试两权分离。

在这一阶段，1988年颁布的三个文件具有重要指导意义。

第一个文件是新闻出版署和国家工商行政管理局联合发布的《关于报社、期刊社、出版社开展有偿服务和经营活动的办法》。这是政府部门第一次以规范性文件的形式允许出版社印刷、发行等经营部分可以剥离出来组建企业公司。因为资产剥离就是资本运营的一种方式，所以这就意味着出版企业的经营性资产可以进行资本运营。

第二个文件是中宣部、新闻出版署出台的《关于当前出版社改革的若干意见》。这个文件表明政府开始尝试在出版单位实现两权分离，把企业由单纯的生产者变为相对独立的经营者。这为出版单位将生产经营与资本运营结合起来奠定了良好的制度基础。

第三个文件是《关于当前图书发行体制改革的若干意见》。这个文件不仅提出在发行领域放权承包、放开批发渠道的建议，鼓励民营资本进入出版流通领域，而且还指出可以组建发行企业集团。这些都为开展资本运营活动创造了必要条件。

"放权让利"和"两权分离"的改革措施使国家计划性出版任务不断减少，出版社被推向市场，自主经营权逐步扩大，其任务是以优质出版物满足读者需求，同时获取利润。随着这些政策的出台，社会资本特别是民营资本进一步介入出版业，尤其是在出版物发行领域，民营资本已经成为一股重要的资本力量。

在计划经济体制下，缺少资本运营，出版资源流动困难，导致出版业同质化现象严重，业务模式单一。改革开放后，国内外出版企业之间的资源流动明显增多，表现在20世纪80年代我国出现了版权贸易、中外合资出版等经营方式。如法国桦榭菲力柏契出版公司（Hachette Filipacchi）与我国的上海译文出版社合作出版《世界时装之苑》，这种合资出版模式不仅革新了国内市场上时尚期刊的出版经营模式，而且对我国出版（期刊）社的国际化资本运营提供了借鉴。

在这一阶段，虽然部分出版社开始由生产型转为产品经营型，但是大多数出版社仍然局限于传统的生产活动，没有认识到生产经营只是资本增值的中介，而资本形态的变化和资本重组有助于企业的生产经营，并且能够更快地实现资本增值。

二　以集团化为主的初级阶段（1992—2002 年）

从 1992 年的出版企业集团试点到 2002 年以公司制改造为重点的体制改革试点，是我国出版企业资本运营的初级阶段。在这个阶段，出版企业资本运营的主要特征是集团化，主要手段是行政干预和资产重组。这一阶段的资本运营缺乏理论指导，完全依靠资本增值的自然属性与经营者探索改革的热情。它虽然只是一种尝试，但是为以后进一步发展资本运营创造了条件。

（一）靠行政关系组建出版集团

十四大确定了建立社会主义市场经济体制的改革目标，此后，政府部门对在计划经济体制背景下形成的出版产业结构进行了反思，提出了优化产业结构的建议。这推动了资本运营的进程，也使出版体制进入了集团化发展阶段。

1991 年 12 月，国务院转批了国家计委、国家体改委、国务院生产办公室《关于选择一批大型企业集团进行试点的请示》。文件提出试点企业集团和企业集团核心企业对紧密层企业的主要活动应该实行"六统一"的措施，即统一规划、计划，统一承包经营，统一重大贷款，统一进出口贸易，统一国有资产保值增值，统一主要领导干部任免。

1992 年年初，新闻出版署召开党组扩大会议和部分省市新闻出版局局长会议，提出加强出版行业联合，进行出版、印刷、发行企业集团的试点。此后，山东、四川、辽宁、江西等地方政府纷纷设立出版集团。1992年成立了山东出版（集团）总社、四川出版集团、广州新华书店企业集团、山东德州新华出版发行集团总公司等，1993 年成立了江西出版集团、新疆出版印刷集团公司、天津出版贸易集团公司、浙江印刷集团，1994年成立了辽宁出版（集团）总社等。

这一时期，虽然出版集团在政府的支持下迅速发展，但是集团成员之间的关系是行政隶属关系而不是产权关系。学术界称这种集团为"合作契约式联合的企业集团"，即集团成员之间以一种隐性契约保持业务上的密切联系。由于是靠行政捏合而不是靠市场运作形成，所以，这些出版集团的组织结构松散，也缺乏资本运作能力。很多学者认为这不是真正意义上的企业集团。从整体上看，这次出版集团的改革并不成功。

（二）以资产为纽带组建出版集团

1994年新闻出版署召开全国新闻出版局长会议，明确提出三个转移，即由规模数量增长为主要特征的阶段向以优质高效增长为主要特征的阶段转移，由行政管理为主向以依法宏观管理为主转移，由传统的事业管理为主向产业管理为主转移，并进一步探索建立现代企业制度，将工作重点确立为"加强管理、优化结构、提高质量"①。

当时出版产业改革重点是优化结构，试图通过优化结构解决高效增长的问题。关于怎样优化出版产业结构，有人提出以产权为纽带组建新闻出版集团，认为组建出版集团应该是以利益为基础，而不是靠行政捏合。其实这种组建集团的方式就是资本运营。

可见，我们已经开始从资本运营的角度思考如何优化出版产业结构，认识到资本运营是一种快速提高出版生产力的新方式。这种思路也推动了出版产业资本运营的实践。如湖南出版集团斥资6000万元购得诚成文化11.3%的股权，取得了控股上市公司的资格；山东德州新华出版发行集团总公司在选定了夏津造纸厂改建重组项目后，采用联合投资、股份合作的资本运营方式与中国少儿出版社、夏津县政府共同组建了中德夏津造纸有限公司，年创利润300—400万元。②

1998年，新闻出版署批准组建6家出版集团和3家发行集团试点，这标志着真正意义上的中国出版企业集团化的开始，出版体制改革进入以公司制改造为重点的攻坚阶段。2001年8月24日，中共中央办公厅、国务院办公厅发布《关于转发中央宣传部、国家广电总局、新闻出版署〈关于深化新闻出版广播影视业改革的若干意见〉的通知》（中办发[2001]17号文）。这个被称为"17号文件"的通知明确提出"媒体集团化、媒体可以跨行业跨地区经营、经营性资产可以上市"。这三点的重要意义在于从政策上允许出版企业开展融资活动。"17号文件"标志着出版业体制改革已经从试点阶段进入到整体推进阶段。此后，针对这三点内

---

① 周蔚华：《我国出版业的改革：回顾、经验和当前的重点》，《中国出版》2003年第4期。

② 罗紫初：《出版业资本运营中的若干问题》，《出版发行研究》2002年第12期。

容，广电总局、新闻出版总署等有关部门陆续下发了一系列实施细则，对出版传媒业的上市和并购作出具体规定。

这一时期成立的出版集团普遍具有"资本控制式企业集团"的特征，即以资本为纽带形成具有控制关系的多个法人的联合体，表现为控股公司体系。资本控制式出版集团的形成，使出版集团成员之间的关系由原来的行政控制转变成以资本为纽带的市场控制。这有利于在企业内部形成资本市场，通过市场手段实现内部资源的配置。以辽宁出版集团为例。2000年3月，辽宁出版集团公司组建，集团成立开始就以公司制改革为主要目标。这是我国出版业完全实现政企分开和政事分开，并真正获得国有资产授权经营的第一家出版集团公司。在此基础上，集团公司按照出版产业链的要求，以内部产权资本运营为手段，优化配置集团内部资源。第一，通过产权资本运营让闲置的资本流动起来。如通过组建辽宁出版传播股份有限公司，以"资产托管"形式吸收省内各市县新华书店加入，建立连锁经营体系，拓展业务领域。第二，通过产权资本运营使现有资本效用最大化。如对编辑、印刷、发行、印刷物资供应等所有成员单位实行整体推进、集约经营、专业发展，形成规模效益。第三，通过资本运营挖掘潜在资源。如集团下属春风文艺出版社投入大量增量资本对"布老虎"品牌进行系列开发，力求实现品牌资本效益最大化。

从整体上看，随着集团化改革的不断深入，出版集团已经从行政捏合演化为以资产为纽带的"资本控制式企业集团"。这使得出版集团公司可以按照产业发展要求，以产权资本运营为手段，实现集团内部资源的优化配置。

在这一时期，出版集团的资本运营只是单纯的产权资本运营，运营手段和运营范围也十分有限，没有进入产权资本运营和金融资本运营混合发展的成熟阶段，因此，属于我国出版企业资本运营的初级阶段。

三 以上市为特征的发展阶段（2002—至今）

从2002年至今的出版企业股份制改造与上市是我国出版企业资本运营的发展阶段。这个阶段的主要特征是出版企业上市，主要方式是股份制改造。随着一系列政策的出台，我国书业企业的上市进程加快，开始全面实施资本运营。

（一）股份制改造

2002 年，党的十六大报告进一步指出，国有大中型企业继续实行规范的公司制改造，完善法人治理结构，其中最重要的方式就是股份制改造。同年，新闻出版总署颁发了《关于规范新闻出版业融资活动的实施意见》和《关于新闻出版业集团化建设的若干意见》，提出积极支持有关试点集团和试点单位与其他媒体经营单位进行跨媒体的兼并、重组与合作联营，打造跨区域、跨媒体的传媒集团。这标志着出版业改革进入一个新阶段，资本运营的空间被大大拓宽。

2003 年高等教育出版社开始实施集团化战略，先后与中山大学出版社、天津大学出版社、吉林大学出版社等教育部直属重点高校出版社以股份合作的方式联合组建出版集团，高教社占集团 51% 的股份，三家高校出版社共同融入 49% 的资金，集团内的高校出版社仍然保留独立法人地位。在治理结构方面，集团以资本和业务为纽带建立了完善的法人治理结构，明确了各成员单位的产权关系与经营责任。

2004 年，上海新华发行集团完成了从国有独资到国有多元投资、再到混合所有制的转变，顺利完成了股份制改造，建立了内部法人治理结构。

2005 年 11 月，中国出版集团挂牌改组为中国出版集团公司，从事业单位整体转制为企业。

2005 年 11 月 26 日，上海世纪出版集团与上海大盛资产有限公司、上海精文投资公司、上海联合投资有限公司、东方网股份有限公司、浙江出版联合集团等国有投资主体，共同发起成立了上海世纪出版股份有限公司，成为我国出版业第一家整体转企改制的股份制公司，实现了真正以资产为纽带的跨地域、跨媒介的资本整合。上海世纪出版集团成立之后，虽然宣称暂不上市，但从制度安排看，其治理结构显然是专为上市而设计的。

这一阶段的股份制改造实际上是出版业向国有出版资本和各类社会资本逐步开放、建立现代企业制度的过程。在此过程中，出版界逐渐认识到资本运营对出版业发展的重要意义，并尝试使用一系列资本运营方式，如委托监管、授权经营、资产重组、产权交易等。这些方式不仅有利于建立完善的法人财产权制度和内部治理机制，而且能够优化资源组合，有利于将优质出版企业做强做大。

（二）上市

从体制改革的角度看，前一阶段的股份制改造为出版企业上市创造了前提条件，而上市将会推进出版体制改革的深入发展，促进现代企业制度的建立。从资本运营的角度看，大多数上市出版企业都在实施扩张型资本运营战略，即通过横向资本扩张兼并同业，形成规模优势；通过纵向资本扩张延伸出版产业链，争夺上游的内容资源，打造下游的渠道优势；通过相关多元化资本扩张收购新媒体，实现跨媒体经营。

2006年3月，全国文化体制改革工作会议的召开标志着文化体制改革进入了全面推进、深入发展的新阶段。7月，新闻出版总署在《关于深化出版发行体制改革工作实施方案》中提出要积极推动有条件的出版、发行集团公司上市融资，并推荐了6家出版企业上市。除了文化体制改革进入新阶段这一社会大背景之外，2007年召开的十七大向出版界发出了走向资本市场的更为明确的政策信息。胡锦涛总书记在十七大报告中提出，要"推动社会主义文化大发展大繁荣"，"实施重大文化产业项目带动战略"，"培育文化产业骨干企业和战略投资者"。这是我国政府将会进一步放开新闻出版资本市场的强烈信号。

随着一系列政策的出台，我国书业企业的上市进程加快，创造了诸多业内第一。2006年10月17日，上海新华发行集团发起的"新华传媒"借壳"华联超市"成功上市，标志着上海新华发行集团有限公司整体改制工作顺利完成，成为我国发行企业中第一家A股上市公司。2007年5月30日，四川新华文轩连锁股份有限公司在香港联合交易所主板挂牌上市，募集资金总额超过21亿港元，成为国内第一家在境外上市的书业企业。

此后不久，新闻出版总署署长柳斌杰在接受海内外多家媒体采访时表示，在未来一年国内将会有一些出版企业陆续准备上市；中国政府将支持出版机构、报业企业和官方骨干新闻类网站上市，但并不再要求他们将编辑业务与经营业务拆分，而是鼓励整体上市，以"体现产业的整体性，减少关联交易"，"给股民更高的信任度"。从此，国内书业企业上市正式拉开了序幕。

2007年12月21日，作为全国首家获得中宣部和新闻出版总署批准申请整体上市的出版企业，北方联合出版传媒（集团）股份有限公司在上海证券交易所公开发行 A 股，成为国内将编辑业务与经营业务打包上市的第一家出版企业，也是首次以公开发行（IPO）方式上市的第一家出版集团。2008 年 11 月 18 日，以安徽出版集团有限责任公司为第一大股东的时代出版传媒股份有限公司认购科大创新定向股票上市，成为我国新闻出版主业第一家真正意义上的整体上市的出版企业。

这些出版企业的上市标志着我国出版业开始全面进入资本运营阶段。目前，重庆出版集团、上海世纪出版集团、湖南出版投资控股集团、江西新华发行集团、四川出版集团、广东出版集团等单位都已陆续传出上市信号。可见，我国出版业的经营方式开始由单纯的产业经营转为产业经营与资本运营相结合，出版企业的资本运营方式开始由产权资本运营转为产权资本运营与金融资本运营相结合。

综观改革开放 30 多年的运营历程，我们发现，我国出版企业资本运营与政治、经济和文化体制改革紧密相关。

第一，改革开放政策为出版企业资本运营提供了良好的制度保障。我国出版企业资本运营是在改革开放政策的指导下逐步推进的，30 年中每一项涉及出版产业资本运营的政策都体现了改革开放的时代特征。

第二，经济体制改革为出版企业资本运营提供了可供借鉴的实践经验。从最初的市场化和集团化到后来的改制上市都体现了我国经济发展的轨迹和改革的成果。从经济基础决定上层建筑的角度看，出版企业资本运营的发展历程也是经济领域的改革成果逐渐向文化领域渗透的过程。

第三，文化体制改革激发了出版企业资本运营的动力，增强了出版企业的竞争力。文化体制改革不仅推动了出版业由产业经营转为产业经营与资本运营相结合，由产权资本运营转为产权资本运营与金融资本运营相结合，而且促进了现代出版企业制度的建立，优化了出版资源配置，调整了出版产业结构，这为今后出版企业进一步做强做大奠定了基础。

第三章

中外出版企业资本运营比较

资本运营在国外起步较早，国外出版企业具有丰富的资本运营经验。然而，在我国，由于制度、条件等方面的原因，出版企业的资本运营受到一定的限制，目前尚处于探索阶段。本章通过比较中外出版企业在资本运营条件、运营方式和运营绩效等方面的情况，希望能够得到一些启示，以提高我国出版企业资本运营的效率。

第一节　中外出版企业资本运营条件比较

开展正常的资本运营活动，需要具备一定的条件，最重要的条件是具备完善的资本运营机制，包括规范的资本运营政策、健全的资本市场和明确的资本运营主体。通过分析比较，我们发现，国外出版业发达国家对出版企业贷款的支持力度比我国大，资本市场比我国发达，资本运营主体的成熟度也比我国高。

一　中外出版企业资本运营政策比较

出版产业属于文化产业，出版产品是文化产品的重要组成部分。文化产品是一种公共产品，关系到公众福利和社会文明，但是由于私人厂商不能以公众能够接受的价格生产文化产品，所以文化产品的生产需要政府进行协调和干预。这一方面是为了拓展国内文化的生产和传播渠道，另一方面也是为了有效保护民族文化，抵制国外文化的入侵。因此，在市场经济条件下，特别是在出版国际化的背景下，出版业必须服从国家政策的指导。

（一）国外出版业发达国家出版投融资政策

政府向出版企业提供优惠贷款，扶持出版业发展，保护民族文化产业，已经成为出版业发达国家较为普遍的做法。

法国政府为出版企业积极提供优惠信贷政策。这主要体现在两个方面。第一，法国政府为了保护独立书店不被连锁书店兼并，从20世纪80年代初开始，每年都会通过文化部下属的国家图书中心向独立书店提供偿还款期为8年的无息贷款，这是独立书店的重要资金来源。第二，法国政府为解决中小书店投资风险大、贷款难的问题，与法国书商协会联合组建特殊担保基金会，还单独成立电影及文化工业投资基金会，为出版机构向银行贷款提供担保。

加拿大联邦政府也积极为该国出版业的发展提供投融资政策支持。在贷款方面，联邦政府设立了全国艺术捐赠委员会（CEA），专门负责具有重要文化意义的出版项目，并拨付专款给予资助。在外商投资出版业方面，联邦政府规定，加拿大的国外独资出版公司必须在两年内，将至少50%的股份出让给加拿大本国出版商；禁止国外企业兼并加拿大出版公司，并且限制外国企业对加拿大出版业进行新投资；外国投资者在加拿大出版业的投资仅限于合资形式，并处于政府的严格审批和控制之下。这些措施有效地控制了外资在加拿大出版业的发展规模，其目的在于防止外国文化特别是美国文化的入侵，保护加拿大本国的出版业和民族文化。

还有瑞典、印度、俄罗斯等国政府也直接向出版业提供贷款或者贷款担保。如瑞典政府建立了报纸贷款基金，为资金困难的报社提供可分期还款的无息贷款，目前贷款总额已经超过1.5亿克朗。印度政府为了普及教育，扩大教材发行，不仅对教材实行补贴，还对教材发行机构提供优惠贷款。俄罗斯政府积极为出版商向国外银行贷款提供担保，大力支持出版企业利用外资，1995年俄罗斯的9家印刷厂商向政府贷款3530万马克用于购买现代化印刷设备，1998年世界银行向俄出版界提供了7100万美元的贷款。

（二）我国出版投融资政策

在我国，调整企事业单位投融资活动的一般性法律规范是《中华人民共和国公司法》和《中华人民共和国证券法》。出版企业要进行资本运营，必须按照《公司法》的要求建立现代企业制度，成为合法的资本运营主体。同时，遵守《证券法》的规定进行股票和债券的发行、购买以及收购等投融资活动。

　　由于出版业不仅具有经济属性，还具有文化属性，所以出版企业的资本运营除了要遵守一般性法律规范之外，还要受到一系列行业特殊政策的约束。

　　2001 年 8 月，中共中央办公厅、国务院办公厅转发中宣部、广电总局、新闻出版总署《关于深化新闻出版广播影视业改革的若干意见》（中办发字〔2001〕17 号），对新闻出版投融资提出了总体要求，即"开辟安全有效的融资渠道，提高资本运作效率"。

　　2002 年，新闻出版总署印发《关于贯彻落实〈关于深化新闻出版广播影视业改革的若干意见〉的实施细则的通知》（新出办〔2002〕591 号）及 8 个配套文件，即《关于新闻出版业集团化建设的若干意见》（新出办〔2002〕714 号）、《关于规范新闻出版业融资活动的实施意见》（新出办〔2002〕715 号）、《关于新闻出版业跨地区经营的若干意见》（新出办〔2002〕716 号）、《新闻出版行业领导岗位持证上岗实施办法》（新出办〔2002〕717 号）、《出版专业技术人员职业资格管理暂行规定》（新出办〔2002〕718 号）、《关于进一步加强社会文化生活类报刊管理的通知》（新出办〔2002〕719 号）、《印刷业经营者资格条件暂行规定》（新闻出版总署 2001 年第 15 号令）、《设立外商投资印刷企业暂行规定》（新闻出版总署、对外贸易经济合作部 2002 年第 16 号令）。这些文件对出版领域的融资问题作了较具体的规定，从政策上开启了新闻出版业融资的大门。

　　2003 年 12 月，《国务院办公厅关于印发文化体制改革试点中支持文化产业发展和经营性文化事业单位转制为企业的两个规定的通知》（国办发〔2003〕105 号）进一步拓宽了新闻出版业投融资的领域。

　　2004 年 5 月，新闻出版总署印发《关于进一步规范新闻出版单位出版合作和融资行为的通知》（新出办〔2004〕625 号），对新闻出版企业融资审批手续、确保国有资本主导地位、确保国有资产保值增值、保护出版权等方面作出了规定。

　　我国现有的这些资本运营政策主要是从资金来源和流向上对出版企业的投融资行为进行管理。具体而言，主要有以下三方面内容：第一，鼓励在新闻出版业内进行投融资。第二，允许从行业外国有企业融资，如以组建公司方式吸纳业外国有资金，即由出版、发行、印刷单位与出资方按股本占有比例联合组建公司。第三，在对出版物编辑出版环节严格把关的同时，鼓励民营资本和外资进入分销领域。

（三）结论

通过比较分析，我们发现，出版业发达国家对出版企业贷款的支持力度比我国大。由于我国较为重视出版业的意识形态属性，所以，与国外相比，我国政府不仅对出版企业贷款的支持力度较小，而且对不同类型的出版企业投融资有不同的限制。如政策规定：对公益性出版单位，资本投入以政府为主，不对外融资，也不吸纳社会资金，不准搞投融资活动和股份制；对经营性出版企业，要求建立现代企业制度，按照"市场主导、社会投资、共同发展"的原则运作，可以吸纳包括国有资本和民营资本在内的社会资金；转制的出版企业和从事业型出版社分离出来的社办企业在对外合作和融资活动中，必须保持国有资本的主体地位，实现国有资产保值增值；禁止外商投资图书、报纸、期刊的出版、总发行和进口业务，音像制品和电子出版物的出版、制作、总发行和进口业务，广播电视节目制作、出版、发行及播放公司。

二 中外资本市场比较

完善健全的资本市场是资本运营重要的外部条件。20 世纪 80 年代，国际出版企业在进行并购等资本运营活动时广泛采用的发行收购债券方式和股票互换等，都是依托发达的资本市场进行的。

（一）国外资本市场概况

国外的资本市场很发达，已经形成了完善的市场体系。例如，美国的资本市场体系由主板、创业板、电子板、粉纸市场、主流报价市场等多种市场构成，既有纽约证券交易所（New York Stock Exchange，NYSE）等场内交易市场，也有纳斯达克证券市场（National Association of Securities Dealers Automated Quotations，NASDAQ）等场外交易市场；英国的全国性市场有伦敦证券交易所，区域性市场有伯明翰、曼彻斯特、利物浦、格拉斯哥等，二板市场有 AIM（Alternative Investment Marker，即另项投资市场），还有为初级中小企业服务的未上市公司股票交易市场 QFEX；加拿大有多伦多、阿乐伯塔、温哥华、蒙特利尔四个证券交易所。此外，韩国、澳大利亚等国虽然国土面积和人口数量明显小于我国，但是也有多层次的资本市场体系。

（二）我国资本市场概况

自 1990 年年底上海和深圳证券交易所建立以来，我国资本市场走过了 18 年的发展历程，取得了很大成就，建立了深圳中小企业板，代办股票转让市场，推出了 LOF、ETF、企业资产证券化产品以及权证等。但是，目前我国资本市场还不够成熟，多层次体系不够完善，不能满足大批企业在资本市场投融资的需要；市场风险很大，股票暴涨暴跌现象时有发生；游资投机获利十分明显，缺乏价值投资理念。此外，为保证国有股对上市公司的绝对控制地位，上市公司股权分为国家股、法人股和流通股，这不利于资本流通。资本市场体系不健全和上市公司股权分割的状态会严重制约资本市场深层投融资功能的发挥，最突出的表现是会增大企业并购投资风险。

（三）结论

通过比较分析，我们发现，国外资本市场的成熟程度比我国高。在金融学理论中，资本市场是金融市场的一个组成部分，是指融资期限在一年以上的长期金融交易场所，至少包括证券市场、长期信贷市场和衍生工具市场。完整的资本市场体系不仅包括主板市场和二板市场等场内交易市场，还包括场外交易市场。不同层次的市场为不同类型企业的投融资活动提供服务，满足不同种类的资本供给与需求。

此外，资本运营的一个重要前提条件是必须有投资主体。在现代经济运行体制中资本运营主体应该是资本所有者。国外出版企业尤其是大型出版集团是在市场竞争中发展起来的，所以产权关系清晰，市场主体地位明确。政府不干预这些出版企业的市场经营活动，只是在制定政策、协调关系、创建公平竞争环境等方面发挥职能作用。但是我国出版企业的产权不清晰、出版经营实体缺乏财产权的现象十分普遍，所以，必须明确我国出版企业的市场主体地位，这是进行科学的运营决策、提高资本运营收益率的前提条件。

三　启示：资本运营条件有待改善

随着出版业国际化步伐的加快，我国政府应该积极为出版企业开展资本运营创造条件，制定相应的政策和措施，同时完善资本市场体系，明确出版企业的市场主体地位。

（一）制定相应的投融资政策，鼓励和吸引各类资本进入出版业

首先，要制定有利于拓宽出版企业投融资渠道的政策。如制定有利于出版企业股份制改造的政策，促进所有者权益性资金的融通；放宽出版企业涉足资本市场的限制，从政策上消除出版企业债券融资的阻力，充分发挥负债性资金的作用。

其次，要加大信贷支持力度。信贷支持是资本运营政策中不可缺少的重要部分，政府应该对市场潜力巨大的出版企业加大信贷支持的力度。如安排一定数量的政策性贷款扶持出版企业的产业升级，对创新型的出版项目进行低息或者贴息贷款，为出版企业向银行申请贷款提供担保，等等。

（二）完善我国资本市场体系，建立统一的资本市场体系

培育和发展资本市场，除继续发展沪深两家交易所的交易外，还必须扩大市场交易范围。资本市场体系的完善将会提高出版企业资本运营效率。

1. 有必要建立创业板市场

主板市场主要是为较大型的成熟企业投融资提供支持，而创业板市场则为成长潜力较大，但未达到主板上市企业规模要求的中小型企业投融资提供服务。从发达国家和一些新兴国家资本市场的发展看，创业板已经被证实是成熟资本市场不可缺少的组成部分，如美国的纳斯达克市场、英国的 AIM 市场、日本的东京证交所创业板市场、韩国的 Kosdaq 市场等。我国的出版企业大多属于中小型企业，由于不能达到主板市场上市的条件，本国资本市场又缺乏创业板市场，便去境外上市，这既不利于我国出版企业的发展，也不利于我国资本市场的成熟。所以，建立创业板市场能够更有效地促进我国资本市场功能的发挥。

2. 有必要建立全国统一的柜台交易市场

场外柜台交易不仅有利于提高上市企业的质量，而且有利于降低资本市场的整体风险。上市企业如果经营业绩下降或者丧失增长潜力，可以退到场外市场交易，让投资者对市场风险有更清醒的认识。

3. 发展我国的企业债券市场

可以从以下三方面着手：一是放宽对企业债券的利率约束，提高企业债券对投资者的吸引力；二是努力培育企业债券二级市场，提高企业债券的流动性，建立投资企业债券的风险转移机制；三是强化银行信贷资金约

束，激发企业债券融资需求。

（三）明确产权关系，使出版企业成为独立自主的市场竞争主体和法人实体

出版企业的三大产权是指企业的法人财产权、债权人的债权和出资人的所有权。债权人的债权和出资人的所有权都是价值形态的权利，主要表明债权人和出资人对其赋予出版企业资本的所有权，不能表明他们能够直接控制和支配出版企业的任何资本。出版企业法人财产权的权利主体只能是出版企业，出版企业对企业全部资本享有占有、使用、处分和收益的权利。可见，出版企业的资本应该是由出版企业占有和经营，与债权人和出资者无关。出版企业应该是资本运营主体，能自主进行资本运营这种市场行为。国家（政府）作为出版企业的出资人只能拥有国家投资资本的所有权，即国有资本或国有股权，不能直接控制出版企业的任何具体投资行为。

第二节　中外出版企业资本运营方式比较

无论是从融资方式看，还是从投资方式看，国外出版企业的运营方式都比我国的高级。

一　中外出版企业融资方式比较

融资方式是指资金由资金盈余部门向资金亏缺部门转化的形式、手段、途径和渠道。国外出版企业常用的融资方式是股权融资，我国出版企业常用的融资方式是企业内部融资与机构合作。

（一）国外出版企业融资

在全球，众多跨国出版企业都采用公开上市发行股票的资本运营方式筹措资金。这些上市公司的情况呈现出以下两个特点。

第一，从上市地点看，美国的出版类（Publishing）上市公司最多，其次是英国。截至 2006 年年底，美国出版类上市公司超过 80 家，并且还有超过 140 家的公开上市的综合媒体公司，如美国在线—时代华纳（AOL Time Warner）、迪斯尼（Disney）和维亚康姆集团（Viacom）等。其中麦格劳·希尔（The McGraw-Hill Company）等 34 家出版类公司在纽约证券

交易所（New York Stock Exchange，NYSE）上市（见表3—1），亚马逊（Amazo.com）等少数出版企业在纳斯达克证券市场（National Association of Securities Dealers Automated Quotations，NASDAQ）上市。在英国伦敦证券交易所（London Stock Exchange，LSE）主板上市的出版行业公司一共有25家，[1]包括培生集团（Pearson）、里德·爱思唯尔集团（Reed Elsevier）等。其中4家属于海外市场，其他均在英国上市。

表3—1　　　　在纽约证交所上市的部分出版传媒类公司概况[2]

（截至2007年11月22日，单位：美元）

公司名称	上市日期	52周平均股票价格	52周股价波动范围	市盈率（P/E）	每股收益（EPS）
麦格劳·希尔（The McGraw-Hill Company）	1929-2-14	58.65	44.80—72.50	18.62	3.15
甘乃特集团（Gannett Co.，Inc）	1969-3-10	49.92	36.34—63.50	10.64	4.69
读者文摘（Reader Digest Associates Inc.）	1990-2-15	14.53	12.5—16.66	34.6	0.42
花花公子（Playboy Enterprises，Inc.）	1990-6-8	10.52	9.04—12.0	36.27	0.29
美国格林集团（American Greeting Corporation）	1998-2-11	25.61	22.12—29.10	18.29	1.40
汤姆森集团（The Thomson Corporation）	2002-6-12	42.10	36.93—47.26	25.98	1.62

　　第二，从业务范围看，上市的欧美新闻出版公司大多数是跨媒体的综合性传媒集团，其业务十分广泛，涵盖图书、期刊、广电、资讯服务、互联网等。例如，总部设在美国纽约的新闻集团（News Corporation）的业务范围就包括图书出版、报纸、期刊、影视制作与发行、卫星电视以及有

　　① 詹正茂、张祎垚、黄梦阮：《伦敦证券交易所上市出版行业公司业务结构分析》，《出版发行研究》2007年第11期。
　　② 姚德权：《欧美新闻出版企业融资模式分析及其启示》，《出版发行研究》2008年第1期。

线电视广播、互联网节目制作发行等。又如，里德·爱思唯尔集团定位于利基市场信息提供商，将集团业务分为五个部门，科学和医药、法律、教育以及商业，各部门的产品均呈跨媒体形态，其业务组合方式为"出版物＋在线信息服务＋会展"的模式。这一模式有利于提高同一领域资源的使用率，适用于以出版为主导业务的传媒类公司。

（二）我国出版企业融资

我国出版企业常用的融资方式是企业内部融资与机构合作。出版企业上市融资虽然目前已经在我国出现，但还是极个别的现象。

内部融资是以出版企业的经营者和员工为融资对象，如职工持股计划（Employee Stock Ownership Plan，简称 ESOP）就是一种典型的内部融资方式。ESOP 的基本内容是：在企业内部或外部设立专门机构，这个机构通过借贷方式形成购股基金，然后帮助职工购买并取得本企业的股票，进而使本企业员工从中分得一定比例、一定数额的股票红利。员工持股制度有利于调动员工参与企业经营的积极性，形成对企业经营者的有效约束。出版企业职工持股的资金来源主要有三个渠道：一是职工现金出资；二是出版企业按职工的工龄、岗位、贡献等因素将历年积累的工资节余和公益金节余分配给职工；三是经股东大会、董事会同意的其他形式的资金来源，包括出版企业以职工股份抵押为职工提供借款以及由出版企业担保向银行贷款。

机构合作的初级形式是合作双方共同出版图书，如出版社与民营工作室的合作出版、国内出版社与国外出版企业之间的版权贸易；合作的高级形式是合作双方共同成立资本运作实体，从事出版经营活动。既有出版资本与业内资本之间的合作，也有与业外资本的合作，还有与国外资本的合作。

第一种情况是出版资本与业内资本的合作。如 2008 年 1 月，吉林出版集团联合中华工商联合出版社成立中华工商联合出版社有限公司；2008年 5 月 9 日，江苏、海南两省新华书店集团合资在海口组建了海南凤凰新华发行有限责任公司。

第二种情况是出版资本与业外资本的合作。例如，上海世纪出版集团与百联集团在 2005 年联合投资组建上海百联世纪图书连锁有限公司，公司注册资本 3000 万元人民币，其中，世纪出版集团占 45％的股份，百联集团占 55％的股份。又如，2005 年 4 月，新华书店总店与外资企业以及国内民营资本、国有出版社共 11 家股东组建"新华出版物流通有限公司",其中新华书店总店作为新公司的相对控股股东,出资 1.2 亿人民币,占 40% 的股份;英国派克多投资有限公司(PACPOLY)投资 9100 万元人民币,占 30.67% 的股份;两家民营公司共投资 8100 万元人民币,占 27% 的股份;其余股份由商务印书馆等 7 家国有出版社共同持有。[①]

第三种情况是出版资本与国外资本的合作。如 2008 年 6 月,安徽出版集团与波兰马萨雷克出版社就版权贸易达成合作协议,互相引进对方图书,安徽出版集团成功输出《聊斋故事集》、《中国人的民俗世界》、《中国人的心理解读》、《中华文化精要丛书》(24 册)等 4 种图书,同时引进波兰优秀的传统文化作品《哥白尼传》等,这是马萨雷克出版社与我国出版界的首次合作,也是中波两国出版界最大规模的一次性签约合作。还有上海译文出版社通过版权合作方式同法国桦榭菲力柏契出版集团合资出版《世界时装之苑》,人民邮电出版社与丹麦艾阁萌(Egmont)集团合资组建童趣出版有限公司,等等。需要注意的是,在与国外资本合作时,一定要保证国有资本的绝对控股地位,原出版企业的国有股和国有法人股必须高于 51%。

(三)结论

国外大型出版企业大多通过公开上市的方式成为公众公司,采用的是股权融资方式,如麦格劳·希尔、汤姆森集团、培生集团、里德·爱思唯尔等都是上市公司。我国出版企业主要是通过机构合作融资,属于较低级别的融资方式。

我国加入世贸组织以来,WTO 的各项协定已经对出版业产生了直接或间接的各种影响。首先,与外资竞争需要具备一定的资本实力。外资虽然现在只获准参与国内出版业的一些边缘业务,但是有一个不容忽视的发展趋势,即利用资本优势在出版产业链的下游影响上游并迂回进入核心业务。如果与国外大型出版企业展开激烈竞争,无论在经营规模上还是在专业化程度上,我国出版企业都处于劣势。这无疑会降低我国出版企业抵抗外资竞争的能力。其次,实施"走出去"战略需要雄厚的资本支持。从表面看,出版企业似乎不缺少资金,但是,如果允许出版企业在国内外进行兼并、重组,则资金远远不足。所以,我国出版业要在短时间内做大做

---

① 徐升国:《2004—2005 年中国出版业发展报告》,载郝振省主编《2004—2005 中国出版业发展报告(中国出版蓝皮书)》,中国书籍出版社 2005 年版,第 13 页。

强，可行的途径之一就是采用多种融资方式增强资本实力，提高竞争力。

二　中外出版企业投资方式比较

投资方式与投资策略密切相关，投资策略决定投资方式，投资方式是投资策略的具体表现形式。国外出版企业的资本主要用于并购其他企业，我国出版企业的资本主要用于产品经营。

（一）国外出版企业投资

国外出版企业将大量资金用于并购其他企业。并购既是资本运营的主要方式，也是国际出版企业投资的重要方式。出版企业并购是指出版企业用现金、债券、股权购买另一家企业的部分或者全部资产或者股权，以获得对该企业的所有权或控制权。

自 20 世纪 90 年代以来，第五次并购浪潮席卷全球，出版企业也被卷入全球化并购潮流之中。1990 年澳大利亚新闻集团收购哈珀·柯林斯出版集团，并将其与英国的威廉·柯林斯出版社合并，拉开了新一轮国际出版企业并购的序幕。此后，为了适应经济全球化和战略竞争的需要，大规模的出版企业并购案不断涌现，如汤姆森集团重组，培生集团重组，贝塔斯曼收购兰登书屋，Viacom 收购 Blockbuster Parament，等等，尤其是 2000 年出现了在当时市值达 1650 亿美元的时代华纳和美国在线的"世纪并购"。表 3—2 是世界著名出版集团 1997—2004 年进行买卖、兼并企业的次数和资金规模，从中我们可以看出，国外出版集团将大量的资金用于并购投资。

表 3—2　　　世界著名出版集团 1997—2004 年兼并企业的次数和资金规模①

年度	集团						
	Bertlsmann	Axel Springer	Pearson	Reed Elsevier	Thomson	McGraw Hill	Bonnier
1997	—	1 次	5 次；4.6 亿美元	7 次；8 亿美元	3 次；1.3 亿美元	—	2 次；7.6 亿美元,股票交易
1998	3 次	3 次；股票交易	10 次;82.5 亿美元	3 次;32.8 亿美元	2 次;21.3 亿美元	—	—
1999	1 次；股票交易	8 次；股票交易	6 次；1 亿美元	—	2 次	—	—

---

① 李冬梅：《当今世界出版集团业务链管理模式探析》，《科技与出版》2007 年第 9 期。

年度	集团						
	Bertlsmann	Axel Springer	Pearson	Reed Elsevier	Thomson	McGraw Hill	Bonnier
2000	4 次；3.6 亿美元	2 次；股票交易	4 次；38.1 亿美元，股票交易	6 次；6.8 亿美元	19 次；33.8 亿美元	—	2 次
2001	4 次；330 万美元	4 次	1 次；股票交易	6 次；20.6 亿美元	5 次；23.6 亿美元	3 次	2 次
2002	—	—	—	—	2 次	—	—
2003	3 次；16.6 亿美元	—	2 次；1.2 亿美元	—	2 次；3 亿美元	1 次；1.15 亿美元	—
2004			1 次；4.5 亿美元	3 次；7.45 亿美元			

注：表格内的金额是当年的交易总金额，"－"表示未获得相关数据。

从上表可以看出，国际出版集团的并购具有规模化、集约化和国际化的特点。

1. 并购的资本规模越来越大

从表3—2可以看到，在1998年，培生集团的并购资金高达82.5亿美元。2007年以来，由于融资便利、反垄断环境趋于宽松以及全球化的客观需要，各大传媒集团的收购价格多为几十亿、上百亿美元，有些甚至高出被收购公司的市值水平。如新闻集团以50亿美元收购《华尔街日报》所属的道琼斯集团，每股60美元现金或现金加股票的报价比道琼斯之前的最新股价高出了67%。[①] 又如汤姆森集团以高达88亿英镑（约176亿美元）的高价收购路透集团，微软以460亿美元竞购雅虎。这些都说明了资本在出版企业并购中发挥着越来越大的作用。

另外，数字和网络类技术催生了新型技术公司的涌现。这些技术公司发展潜力巨大，市值较高。出版企业为了在新的市场格局中占据优势地位，愿意出巨资收购技术公司。如2001年1月11日，世界大型ISP服务公司AOL（美国在线）和世界大型传媒集团时代华纳公司合并，组建成庞大的互联网和传媒集团——美国在线—时代华纳公司，新公司的股价总值最高达1280亿美元。这项大宗并购案就是在新技术的促使下发生的。

---

① 林晓芳：《国际收购大战带给中国出版业的启示》，《出版参考》2007年第11期。

2. 同类型资源并购加速

国际出版界通常按照出版内容将出版业务分为大众出版、教育出版和专业出版等三大类。为了能在世界出版市场占据领先地位，国外出版集团大多将企业的有效资源集中用于收购某一类业务。如汤姆森集团致力于法律、科技和医药类专业出版业务，1999 年收购了阿然让第期刊（Editorial Aranzadi S. A.）和麦克米伦全美图书馆参考（Macmillan Library Reference USA），2002 年完成了对卡迪纳尔－卡尔德维尔（Gardiner-Caldwell）的收购，这对于加强汤姆森在专业信息服务市场的地位具有重要意义。近两年，随着数字技术和网络技术的不断提高，传统出版的微利化趋势越来越明显，出版企业纷纷转向增长潜力较大、收益较高的新兴行业。众多出版企业选择了向信息服务商转型，将大量资本投向信息服务行业。例如，汤姆森集团于 2007 年 5 月斥资 177 亿美元并购路透集团，新公司汤姆森—路透集团成为全球最大的金融新闻和数据提供商；默多克的新闻集团在以 50 亿美元收购百年老字号道琼斯之后，又出价与微软、美国在线竞购或参股雅虎；培生集团以 9.5 亿美元收购里德·爱思唯尔集团旗下的哈考特评估测试公司和哈考特国际教育出版公司；里德·爱思唯尔集团将出售里德商讯业务（Reed Business Information）所获得收入中的 41 亿美元用于收购美国风险管理及数据收集公司 ChoicePoint。

3. 跨国并购频繁

并购和国际化从来就是相伴相随的两项活动，一方面并购可以加剧国际化程度，另一方面国际化也会促进并购活动的发生。以美国出版业为例。20 世纪 80 年代以来，加拿大、德国、澳大利亚、英国和法国的很多出版企业投资美国出版市场。一是因为美国是世界上最大的英语图书出版市场。二是因为美国出版市场比较成熟，美国政府几乎没有对外国公司设置任何进入壁垒。三是因为这些国家的本国市场非常狭小。如 1986 年，德国贝塔斯曼出资 5 亿美元收购美国 3 家出版社并将其合并为矮脚鸡·双日·戴尔（Bantam Doubleday Dell），从而成为大众图书和图书俱乐部市场上的领先者；1988 年，法国大型出版公司阿歇特（Hachette）以 4620 万美元的价格收购出版百科全书和儿童读物的格罗里尔出版社（Grolier）；加拿大的汤姆森集团在整个 80 年代收购了至少 15 家美国出版企业。到了 90 年代，外国出版公司在美国出版市场中占据了很高的市场份额，全美规模最大的 10 家公司中有 5 家属于国外公司。如表 3—3 所示,排名第三的汤姆森是一家加拿大出版企业,排名第四的兰登书屋是德国贝塔斯曼的子公司,哈珀·柯林斯归澳大利亚的新闻集团所有,艾迪逊·维斯里·企鹅(Addison Wesley Penguin)的母公司是英国培生集团。进入 21 世纪以后,这种外资并购的趋势还在继续。例如 2000 年,英荷合资的里德·爱思唯尔收购美国哈考特综合出版公司的科学、技术、医药、商务等出版业务。

表 3—3　　　20 世纪 90 年代中期美国规模最大的 10 家出版社①

序号	出版企业名称	所属公司	所属国家
1	西蒙·舒斯特	维亚康姆	美国
2	读者文摘	读者文摘集团	美国
3	汤姆森	汤姆森集团	加拿大
4	兰登书屋	贝塔斯曼基金会	德国
5	麦格劳·希尔	麦格劳·希尔	美国
6	时代华纳	时代华纳	美国
7	哈珀·柯林斯	新闻集团	澳大利亚
8	艾迪逊·维斯里·企鹅	培生集团	英国
9	贝塔斯曼	贝塔斯曼基金会	德国
10	哈考特综合	哈考特综合	美国

（二）我国出版企业投资

我国出版企业的资本主要投向产品经营,包括投资出版业务、投资非出版业务、补充流动资金。

1. 投资出版业务

出版企业投资的出版业务主要分为三类,即投资内容制作、渠道建设和技术更新。

（1）投资内容制作。出版企业的核心产品是内容。拥有强势的内容资源是出版企业获取竞争优势的关键。目前,我国出版企业主要通过两种

---

① 杨贵山:《海外书业经营案例》,中国水利水电出版社 2005 年版,第 7 页。

途径投资内容制作。

一是直接投资内容生产或者通过延伸产业链向内容制作领域扩张。如辽宁出版集团将上市募集资金的 12.28%（约 8646 万元）投向旗下的万卷出版有限责任公司，成立了两家书业子公司，即万榕书业发展有限责任公司和智品书业（北京）有限公司，专门从事出版策划业务。而以发行业务为主的新华文轩则是通过延伸产业链的方式进入出版策划领域。例如，2007 年新华文轩策划出版的图书超过 2 亿码洋，其中"文轩精致图文系列丛书"在 2008 年出版物订货会上的订货量近 300 万码洋。

二是通过重组或者并购获取内容资源。由于长期以来受到出版行业条块分割管理体制的制约，我国出版企业的重组和并购一直存在很大障碍。出版企业的重组模式是政府主导型而不是市场主导型。如中国出版集团和科学出版集团是在国务院部委系统内组建的出版集团，辽宁出版集团和广东出版集团是以省级出版社为主体组建，北京出版集团和重庆出版集团是在地方主管系统内组建。出版企业的并购对象多为小型的亏损出版发行单位，如江西出版集团兼并和平出版社、吉林出版集团兼并中华工商联合出版社。但是，随着政策环境的逐步宽松，跨地域整合内容资源将是未来出版业的发展趋势。

（2）投资发行渠道建设。目前，我国出版企业投资发行渠道建设主要包括建立批发中心、零售中心和物流配送中心。只有通过流通渠道，出版企业才能实现内容产品的使用价值并增大出版物商品的交换价值，才能获取预期的投资收益。所以，发行渠道建设是整个出版产业链中的重要环节，影响到企业核心竞争力的提升。

对发行企业而言，投资发行渠道建设符合其发展战略，可以强化其主营业务。如新华文轩将上市所募集的 20 亿 1190 万港元（约 19 亿 8210 万元人民币）主要用于扩充零售网络和教材教辅发行网络等发行渠道建设（见表 3—4 所示）。

对于主营业务不是发行或者发行渠道不完善的出版企业而言，投资渠道建设是为了实现纵向一体化发展战略，可以将外部交易内部化，实现产业链的延伸。如辽宁出版集团将上市募集的资金主要投向物流配送业务、出版物连锁经营业务和中小学教材发行（见表 3—5 所示）。此外，出版传媒还对所属全资子公司辽宁省新华书店有限责任公司增资 1950 万元，

表3—4   四川新华文轩连锁股份有限公司上市募集资金投向①

项目	所投资金（万港元）	所占比例（%）
扩充零售网络	56810	28.2
教材教辅发行网络	68880	34.2
设立全国批发网络	8610	4.3
机构合作	17220	8.6
地区物流配售中心	34440	17.1
建立 ERP 信息系统	5170	2.6
其他营运资金	10060	5.0
合计	201190	100.0

使该新华书店的注册资本达到 2005.03 万元。②

表3—5   辽宁出版传媒股份有限公司上市募集资金投向③

项　目	投资额（万元）	所占比例（%）
万卷出版有限责任公司出版策划业务	8646	12.28
辽宁北方出版物配送有限公司增资项目	16839	23.93
北方图书城北方区域出版物连锁经营体系	26246	37.29
补充中小学教材出版发行流动资金项目	18650	26.50
合计	70381	100.00

　　（3）投资新技术应用。出版产业属于创意产业，出版企业属于知识
型企业，需要不断用新技术提高生产力。随着信息技术的发展，出版产业
面临着由传统出版向数字出版转型的问题，这种转型体现在出版产业链的
每一个环节，从选题到组稿，从编辑加工到印制发行，从营销策划到企业
内部管理。此外，在信息社会，信息流对出版企业的运营将发挥越来越重
要的作用。国外许多出版企业的现代出版模式和信息管理模式已经很成

---

① 　根据《四川新华文轩连锁股份有限公司上市招股章程》中资料整理。
② 　《出版传媒整体收购集团三家出版社》，2008 年 11 月 4 日，新浪财经网（http：//
finance. sina. com. cn/stock/t/20080416/05472150623. shtml）。
③ 　根据《辽宁出版传媒股份有限公司首次公开发行股票招股说明书》中资料整理。

熟，如在数字出版方面有数据库出版、按需出版等，在物流方面有 EDI（电子数据交换技术）、ERP（企业资源规划系统）等。目前，我国一些有实力的出版企业应该加大技术引进和研发的进度，实行出版产业链的升级。在数字出版方面，上海世纪出版集团近几年将大量资金投资于数字出版业务；2008 年 3 月 28 日，由中国出版科学研究所联合银河传媒共同搭建的基于二维码的移动多媒体出版平台"中国手机出版服务平台（CMEPP）"已经正式启动，中国书籍出版社、中国对外翻译出版公司、上海科学技术文献出版社等 6 家出版社成为首批签约单位。在物流建设方面，新华文轩准备将上市募集资金中的 2.6% 投资于开发 ERP，希望通过整合内容资源、销售渠道以及财务运作，为企业的经营管理提供数据支持。随着信息技术的广泛运用和数字出版技术的兴起，出版企业必须重视数字出版和数字版权技术的研发和应用。

2. 投资非出版类业务

投资非出版类业务的实质是通过资本运营进入投资回报率较高的产业，实施跨行业的多元化经营，目的是追求资本收益最大化和分散经营风险。投资非出版业务有两种情况，一是投资报业、广告业等传媒产业，二是投资教育业、房地产业等其他行业。

（1）投资传媒业务。从传播学角度看，各类传媒的本质都是进行信息传播活动，其区别仅仅是传播载体和具体表现形式不同。报纸、电视、电影、网络新媒体和图书出版虽然不是一条产业链，但是有相交的部分。在高度信息化的社会，媒介互动频繁，媒体也出现高度交融的趋势。目前，我国很多出版企业将资金投向报业、广告业等传媒产业。出版集团办报的例子是湖南出版投资控股集团，该集团办的《潇湘晨报》是出版集团办报比较成功的例子。出版集团投资广告业的例子是新华传媒集团。该集团借壳华联超市成功上市后，通过向《解放日报》定向增发股票的方式，使其主营业务由图书发行转为报刊经营、报刊发行、广告代理、媒体衍生产品开发等多种业务。这表明新华传媒已经通过资本市场成功转型为传媒集团。

（2）投资其他行业业务。对于投资其他行业，出版业界存在多种做法，中小型出版社投资其他行业的目的是形成核心竞争力，大型出版集团投资其他行业的目的是整合产业链。

　　一种做法是依托内容资源，投资专业领域，打造核心竞争力。专业出版领域的出版企业在投资时，不仅仅考虑投资项目的赢利能力，还考虑它在实现可持续发展方面发挥的战略意义。如教育类出版企业可以投资教育业。以外研社为例。外研社将募集的资金投向培训和教育业务，投资 3.5 亿元建立国际会议中心并由此进入英语培训市场，另外，它还与香港盈科电讯合资创办北京世纪盈华信息技术有限公司进而向网络教育领域拓展。

　　另一种做法是以出版为中心，打造文化产业链。自从我国在"十一五"文化产业发展规划中提出了年均 15% 的增长目标以后，"创意北京"、"创意上海"等名词屡见不鲜。具有文化属性的出版企业也依托自身的核心优势，积极投资文化产业。如安徽出版集团多年来坚持"做强主业、做大产业"的投资战略，经过几年的发展，初步形成了书报刊、电子音像、网络出版以及印刷、光盘生产、物资供应、物流配送、医药销售、进出口贸易等完整配套的产业链。目前，该集团正在努力打造安徽文化商业地产第一品牌——"华仑国际文化广场"，拟打造出"文化休闲"与"一站式文化消费"相结合的经营业态。从其投资战略中可知，投资文化产业的实质是追求资本收益最大化和分散经营风险。

　　还有一种做法是在培养核心竞争力的基础上，打造相关产业链。即以生产出版物为核心，同时投资相关产品及相关领域。如湖南出版投资控股集团除了经营出版业务，还涉及软件开发、生物工程、纳米技术等高科技产业。又如凤凰出版传媒集团的业务涉及出版、餐饮、房地产、教育、科技、金融等领域。该集团不仅拥有八家直属图书出版社、一家电子音像出版社和江苏新华发行集团，还拥有凤凰台饭店、江苏凤凰置业有限公司、江苏凤凰教育发展有限公司、江苏凤凰艺术有限公司，并控股江苏新广联科技股份有限公司，参股江苏银行股份有限公司、南京证券有限公司。从凤凰出版传媒集团的业务结构和集团结构中可以清晰地看出其整合多元化产业链的思路。

　　3. 补充流动资金

　　我国出版行业由于自身的体制原因和历史原因，出版物的回款周期一般较长。新闻出版总署出版物发行管理司和中国出版科学研究所联合开展的首次"图书发行单位结算信用情况调查"的结果显示，出版单位从发书到应收销货款实际入账，总结算周期的平均值为 12.4 个月。所以，在销售资金回笼之前，出版企业必须准备一定数量的流动资金用于日常性资金投入，以确保资金流的顺畅。如辽宁出版集团将上市募集资金的26.5%专门用于补充中小学教材出版发行的流动资金。

流动资金不足会加大出版企业的财务风险，严重不足会导致企业资金链断裂，最后破产或者被并购。如卓越网和21世纪锦绣图书连锁公司就是因为流动资金不足而导致资金链断裂，最后被外资收购。

卓越网成立之初发展势头迅猛，2003年年销售额达到1.5亿元人民币，但是网上越来越多的订单也使卓越网遇到了规模化的"瓶颈"。为了满足大量的市场需求，卓越网至少需要3000万美元的资金用于物流配送建设。于是，在2004年8月19日卓越网不得不将80%的股份出售给全球最大的网上零售商亚马逊公司。这次交易价值约为7500亿美元，涉及约7200万美元现金以及员工期权，是国内最大一宗民营书业资本运作案例。①

虽然21世纪锦绣图书连锁公司也遭遇流动资金紧张，但是它的情况与卓越网不同。21世纪锦绣的资金紧缺不是由市场需求过旺造成的，而是因为前期大规模扩张导致资金链断裂。在成立不到两年的时间内，21世纪锦绣图书连锁公司在北京、南京等全国十所城市投资建立了近20家大型直营图书连锁超市，但是由于实行"控股直营"的经营模式，公司对每家连锁店至少拥有51%的股权，短期内的大规模扩张使资金链很快出现问题，紧接着是大部分连锁店的亏损，然后就是其大股东湖北金环股份有限公司不愿意继续投资，于是在2003年年底，该公司40%的股份被贝塔斯曼集团旗下的贝塔斯曼直接集团收购。21世纪锦绣图书连锁公司由此成为我国第一家中外合资的全国性图书连锁企业，这也是我国出版业的第一例外资并购案。

（三）结论

国外出版企业的资本构成形式多样，所以他们更偏向于产权投资。大型出版企业尤以并购投资方式为主。如前所述，汤姆森集团、贝塔斯曼集团、培生集团等一些资本雄厚的出版企业在资本运营中都采用了并购的投

---

① 徐升国：《2004—2005年中国出版业发展报告》，载郝振省主编《2004—2005中国出版业发展报告（中国出版蓝皮书）》，中国书籍出版社2005年版，第18页。

资方式。他们还根据不同的情况灵活采用债券投资、风险投资、金融信贷投资等多种投资方式。我国由于资本构成单一，所以投资方式也比较简单，主要以实物投资为主。

三 启示：选择合适的资本运营方式

从形式和内容划分，资本运营可以分为实业资本运营、金融资本运营、产权资本运营和无形资本运营。我国出版企业开始由实业资本运营进入较高层次的金融资本运营和产权资本运营。目前，我国出版企业正处于由传统出版向数字出版的转型时期，可以考虑通过上市筹措资金，再并购与数字出版相关的新技术企业，然后整合内容资源和数字出版技术。这是出版企业发展数字出版商业模式的一条途径。

（一）上市和并购将是我国出版企业资本运营的主要方式

由于国内市场与国际市场逐渐接轨，我们需要形成具有核心竞争力的大型出版企业集团，必然会采用上市和并购这两种资本运营方式。通过上市快速融资，再将大量资金用于并购；通过并购整合出版资源，扩大企业规模，提高企业价值，才能在资本市场上获得更多资金，增强资本实力。这种良性循环会使出版企业不断做大做强。同时，我国出版企业应该根据实际情况采用多种资本运营方式。如强势企业可以按照整合优质资产、剥离不良资产的方式并购同类企业，而中小出版传媒企业之间可以通过合股经营、联合投资的方式实现优势互补。

（二）资产整合是提高资本运营绩效的关键

资本运营不仅关注资产的具体形态及配置，而且关注资本收益、市场价值以及相应的财产权利。从运作机制上看，资本运营一方面要以资本为导向，优化出版资源配置，使有限资产发挥最大经济效益，另一方面在经济活动中要始终以资本的保值增值为核心，即追求资本与制度的效率。这要求把所有可以支配和利用的资源和生产要素作为可以经营的价值资本。出版企业资本运营不仅是融资、产权交易的过程，还是资源整合的过程。融资和产权交易是企业获取出版资源的过程，整合是使出版资源产生增值能力的过程。

由于整合过程更漫长，并且对企业效益的提升作用不明显，所以许多企业存在重并购、轻整合的思想。忽视并购后的整合会导致整场运营的失败，就如美国在线与时代华纳的并购。所以，出版企业资本运营不能局限于只利用融资、产权交易等外部交易手段扩大资本，还要充分利用企业内部存量资源，实现企业内部资源和外部资源的优化配置，变革企业治理结构和经营机制，以获得更大的价值增值。

第三节 中外出版企业资本运营绩效比较

根据经济学原理，市场行为由市场结构决定，同时也会改变市场结构。出版企业的资本运营行为在使资本不断增值的同时，也改变了出版市场结构，包括改变出版产业链结构和改变市场竞争行为。

一 中外出版企业资本增值情况比较

无论在国外，还是在国内，都有出版企业通过资本运营成功实现了资本增值。

（一）国外出版企业的资本增值

国外出版企业通过资本运营一方面实现了资本的不断增值，出版产品销售额不断增长；另一方面产生了规模效应，形成了完整的产业链，实现了商业模式的不断创新，树立了具有竞争力的优势品牌，并提高了市场集中度。

国外出版企业的资本结构以投资型和控股型为主。由于资本具有逐利性，所以投资控股型企业的资本结构要求保持一定的利润增长率，这在各个上市出版公司中尤为明显。因此，评价国外出版企业的首要标准是看其是否实现了资本的保值增值。事实证明，上市和并购都能够增强出版企业的资本实力。

由上面的表2—1可知，从市盈率来看，国外出版类上市公司的市盈率多数在20倍以上，高于同期纽约证交所不到20倍的市盈率。这表明市场投资者普遍看好出版业的发展前景。从每股收益来看，作为利基市场信息提供商的上市公司的获利能力高于传统平面媒体类上市公司，如大型新闻信息公司甘乃特的每股收益高达4.69美元。这表明利基市场存在巨大的利润空间。可见，出版企业可以定位于利基市场信息提供商，以资源为核心实现业务扩张。

国外出版企业的并购也能实现资本的保值增值。以教育出版商培生集团和专业出版商沃尔特斯·克鲁维尔集团为例。1998年，英国培生集团收购美国西蒙·舒斯特之后，将其中的教育业务和国际出版业务与旗下的朗文出版集团合并成立了培生教育集团。巨资收购给集团带来巨大发展，集团营业额从1998年的39亿美元猛增到1999年的50亿美元，2000年集团营业额达到58亿美元，其中培生教育集团为30.68亿美元，占集团全部营业额的53%。① 这说明在美国教育出版市场的投资给集团带来了突破性发展。从表3—6可见，1998年至2001年沃尔特斯·克鲁维尔集团（Wolters Kluwer）先后并购了133家企业，投入24.6亿欧元。并购为其带来了巨大收益，在1998年至2001年，被收购企业为克鲁维尔集团创造了10.62亿欧元的收入，销售增值率和利润增值率分别达到2.3%和8.8%。

表3—6　　沃尔特斯·克鲁维尔集团1998—2001年并购绩效情况②

项目	1998年	1999年	2000年	2001年	合计
并购企业数量（家）	39	28	37	29	133
总投资额（百万欧元）	1079	390	458	533	2460
被并购企业创造的收入（百万欧元）	408	239	211	204	1062
销售增值率（%）	2.6	1.6	2.2	2.6	2.3
利润增值率（%）	9.9	7.2	6.8	11.1	8.8

（二）我国出版企业的资本增值

资本运营使我国出版企业的资本实力得到增强。随着出版集团股份制改革的深入，我国许多出版集团以资本为纽带对集团组织结构和治理结构进行了改造，使企业经济效益得到显著提高，这主要体现在集团总资产、净资产和销售收入不断增长。例如，凤凰出版传媒集团在2001年9月成立时，注册资本仅7.2亿元；根据2007年4月新闻出版总署公布的2006

① 孙宝寅、崔保国：《准市场机制运营——中国出版集团发展与现状》，清华大学出版社2007年版，第147页。

② 数据来源：杨贵山：《海外书业经营案例》，中国水利水电出版社2005年版，第60页。

年全国39家出版集团（出版社）各项主要经济指标的分析报告，江苏凤凰出版集团以88.94亿元的资产规模名列榜首，总资产增长了11倍（见表3—7）；到2007年，集团总资产高达118.86亿元，比2006年增长29.92亿元，增长率为33.8%。

表3—7　　　　　　2006年全国出版集团资产收入一览①　　　　（单位：亿元）

排名	出版社（集团）	总资产	净资产	销售收入
1	凤凰出版传媒集团	88.94	48.55	84.04
2	浙江出版联合集团	75.12	44.52	75.09
3	山东出版集团	75.00	32.00	66.00
4	湖南出版投资控股集团	68.00	32.00	61.00
5	中原出版传媒投资控股有限公司	63.82	29.48	58.84
6	中国出版集团公司	52.69	18.17	35.31
7	河北出版集团	47.24	25.62	37.72
8	江西省出版集团公司	42.71	28.49	34.26
9	广东省出版集团有限公司	39.06	25.31	28.17
10	时代出版传媒股份有限公司	31.46	18.92	10.14
11	湖北长江出版集团	26.70	17.54	17.75
12	辽宁出版传媒集团	23.86	8.55	16.18
13	云南出版集团	23.48	10.33	23.53
14	山西出版集团	22.66	9.76	30.75
15	吉林出版集团	21.80	7.23	11.11
16	四川出版集团有限责任公司	17.80	14.35	7.82
17	上海世纪出版股份有限公司	17.48	10.87	9.52
18	贵州出版集团	14.50	8.68	15.5
19	重庆出版集团	12.41	3.48	3.33
20	北京出版社出版集团	9.40	5.00	3.20
21	中国科学出版集团	8.08	4.96	7.03
22	读者出版集团	6.26	5.58	3.74

① 数据来源：方菲：《集团化是30年最重要事件》，《中国图书商报》2008年11月18日第25版。

（三）结论

可见，资本运营能够实现资本扩张，增强资本实力。以资本为纽带重组出版企业集团顺应了国际出版产业的发展潮流。在市场化和国际化进程不断加快的情况下，如何加快我国出版企业资本增值的速度是我们面临的新问题。

二　中外出版企业资本运营的市场影响力比较

资本运营行为改变了市场结构，国外出版企业的资本运营产生了明显的市场规模效应。

（一）国外出版企业资本运营的市场影响

国外出版企业的资本运营产生了明显的市场规模效应。这主要表现在四个方面：一是形成了企业内部产业链；二是实现了商业模式的不断创新；三是树立了具有竞争力的优势品牌；四是资本运营提高了市场集中度，降低了交易成本。

1. 资本运营形成企业内部产业链

大型出版企业通过资本运营，将生产和流通集中，通过集团组织形式构建企业内部价值链，这能够节约生产成本和交易成本。如位居全球传媒企业前列的贝塔斯曼集团在 100 多年前只是一家中等规模的印刷企业，20 世纪 60 年代通过收购柏林电影制片公司 UFA 进入影视业，通过收购古纳亚尔的部分股权进入杂志出版领域；70 年代又收购了哥德曼出版公司、矮脚鸡图书公司；80 年代通过参股卢森堡广播电视台进一步介入电视领域；90 年代与美国在线合作成立欧洲在线（AOL），并参与设立 MediaWays 公司，从而进入互联网领域。目前，贝塔斯曼已经成为集制作、销售内容产品为一体并提供媒体服务的综合性传媒集团。就横向而言，有图书出版、杂志、广播、电视、电影制作、互联网；就纵向而言，有编辑出版、印刷、发行、物资供应。我们从贝塔斯曼的发展史可以看到它通过不断的兼并收购形成了基于内容的横向生产链和纵向流通链相结合的完整产业链条。

2. 资本运营形成各具特色的出版模式

世界出版大致可分为大众出版、教育出版和专业出版三大领域，每一领域的出版业务、经营方式、营销策略和数字化模式等方面都存在很多差异。经过多年经营，国外出版企业在这三大出版领域中形成了各具特色的商业模式，他们控制着 80% 的市场份额。如贝塔斯曼集团、新闻集团、维亚康姆和日本的讲谈社等占据着大众出版的大部分市场，美国的麦格劳·希尔出版集团、英国的培生集团和牛津大学出版社等占据着教育出版的大部分市场，德国的施普林格、加拿大的汤姆森和英荷联合的里德·爱思唯尔集团等占据了专业出版的大部分市场。随着专业整合的加速，教育、专业、大众三大出版领域的市场集中度越来越高，特别是在专业信息服务业务方面，规模经济的特点更明显。如汤姆森并购路透后，新集团将在财经资讯领域获得 34% 的市场份额，超过彭博新闻社 33% 的份额，同时由于规模效应三年内集团可以节约 5 亿美元开支。①

面对数字化出版趋势，这些不同出版领域的出版企业也纷纷投资新兴行业，逐步形成了较为成熟的数字出版商业模式，成功实现了由传统出版商向数字内容提供商的转型。在大众出版领域，出现了两种数字出版商业模式，一种是以日本手机小说和手机漫画为代表的移动增值服务模式，另一种是以 8020 出版公司等为代表的"用户创造内容"模式。在教育出版领域，出现了以培生集团为代表的教育服务模式。在这个模式中教育在线服务作为传统图书（教材）的互补和服务的延伸，提高了纸质教材的使用和市场占有率。在专业出版领域，也出现了两种较为成熟的数字出版商业模式，一种是以施普林格、约翰·威利父子等出版公司为代表的专业期刊和图书的数据库在线出版模式，另一种是以汤姆森—路透和沃尔特斯·克鲁维尔等出版集团为代表的信息服务模式。

3. 资本运营树立国际著名品牌

经过上百年的业务经营和投资运作，国外出版企业大多形成了极具竞争力的核心业务体系，并且每一种核心业务都拥有著名的国际品牌。表3—8 是世界部分著名出版企业核心业务体系的构成及其知名品牌。

4. 资本运营促进了出版产业升级

欧美出版企业运用经济手段运作文化，将文化与技术结合，创造新的出版业态，让文化创造商业价值。例如，英国虽然是老牌资本主义国家，但是文化创意产业的发展却走在世界前列，在国际上具有标杆作用。在

---

① 数据来源：《Thomson files information circular for approval of Reuters acquisition.》，2008 年 4 月 2 日（http：//www. thomson. com）。

表 3—8　　　　　　　世界著名出版集团核心业务及品牌①

集团名称	核心业务	品牌
贝塔斯曼（Bertlsmann）	图书出版	Random House
	杂志与报纸及网站内容提供	Gruner + Jahr
	广播与电视及节目制作	RTL Group
	音乐娱乐	BMG
	印刷、IT、信息储存及服务	Arvato
	读者俱乐部与网上书店	Direct Group
施普林格出版公司（Axel Springer）	图书出版	Cora Verlag
	杂志	Hor Zu
	报纸	LEIPZIGER VOLKSZEITUNG
	数字化发行	Bild. T-Online
培生集团（Pearson）	教育研究及教材出版	Pearson Education
	图书出版	Penguin Group
	商业新闻及分析	FT Group
里德·爱思唯尔（Reed Elsevier）	法律信息及相关出版物	LexisNexis
	科学与医学信息	Elsevier
	商业信息及电子商务	Reed Business
	法律规章等信息及解决方案	Westlaw
	金融信息服务及 IT 技术解决方案	Thomson One
	科学与健康信息及解决方案	ISI Web of Science
麦格劳·希尔（McGraw Hill）	教育及相关图书出版	McGraw Hill Education
	金融服务	Standard & Poor's
	商业信息	Business Week
伯尼尔（Bonnier）	图书出版	Bonnier Books
	杂志	Bonnier Magazine
	报纸	Bonnier newspaper
	商业出版	Business Press
	商业信息	Business Information
	娱乐	Bonnier Entertainment

① 李冬梅：《当今世界出版集团业务发展战略探析》，《科技与出版》2007 年第 8 期。

1997—2005 年，创意产业平均年增长率达到 6%，比英国整体经济增长速度高出一倍多，相关从业人员超过 200 万人，成为英国雇用就业人口最多的产业，占整个就业人口的 1/12，比其他任何国家都要多。[①] 创意产业成为英国雇用就业人口的第一大产业，更是该国产值仅次于金融服务业的第二大产业。在英国的创意文化产业中，出版业占据着举足轻重的地位。由表 3—9 可知，从营业收入和出口总值看，电子出版、计算机游戏是第一位，出版业则是第二位，但并非弱势产业。

表 3—9　　　　　2003—2004 年英国创意产业规模[②]

英国创意产业	增加值/ 占 GVA 的（百分比）	出口额 （亿英镑）	从业人数 （万人）	公司数 （家）
广告	50 亿英镑（0.7）	11.3	20	9800
建筑	40 亿英镑（0.5）	5.8	10.26	4100
艺术与古玩	5 亿英镑（0.07）	22	59.39	1700
工艺	n/a	n/a	2.25	n/a
设计	53 亿英镑（0.7）	6.3		n/a
时尚设计	3.3 亿英镑（0.04）	n/a	11.04	1400
电影与录像	22 亿英镑（0.3）	8	5.39	8000
音乐、表演艺术、视觉艺术	37 亿英镑（0.5）	2.4	24.39	30100
出版	86 亿英镑（1.2）	11.8	27.43	6500
软件、计算机游戏、电子出版	207 亿英镑（2.8）	39	59.39	49100
电视与广播	62 亿英镑（0.9）	10	11.06	4200
总计	565 亿英镑（7.8）	116	182.5	113300

说明：1. GVA（Gross Value Added）指国民增加值。2. 2003 年英国的标准产业分类体系发生了变化，因此，有些数字没有与前几年的相连贯，如"软件与计算机服务"类。3. 就业人数和公司数均为 2004 年的数据。

---

① 《British Minister & MP James Purnell's Speech to IPPR: Making Britain the World's Creative Hub》，2007 年 9 月 12 日（http://www.culture.gov.uk/Reference_library/Minister_Speeches/James_Purnell/）。

② 资料来源：《Creative Industries Economic Estimates Statistical Bulletin October 2005-Revised Version, DCMS.》，2007 年 9 月 11 日，英国文化产业网（http://www.culture.gov.uk/NR/rdonlyres/8B1842A1-71D0-464C-9CCA-CD1C52A4D4E1/0/CIEconomicEstimatesREVISED24OCT.pdf.）。

（二）我国出版企业资本运营的市场影响

我国出版企业的资本运营虽然尚处于起步阶段，但是也对我国出版市场结构产生了影响，表现为我国出版市场结构开始由区域垄断转为垄断与竞争并存。在资本力量的推动下，出版企业上市融资以及跨地域、跨媒体的兼并重组等资本运营行为的兴起，由行政垄断所引发的出版市场的行业垄断和地域垄断的局面被逐渐打破，取而代之的是由资本力量所引发的地区性垄断和全国性竞争加剧的双重局面。

首先，计划经济时代所形成的小而散、多而滥、条块分割、重复设置、地区垄断的市场结构仍然存在。

其次，全国性的市场竞争加剧。由我国出版企业的资本投向可知，在资本力量的引导下，大部分出版企业采用多元化的经营模式，基本上沿着出版业——传媒业（报纸、刊物、影视、网络）——其他行业的发展路径，加强了出版产业与文化产业甚至其他产业的融合，拓展了出版产业链。同时，出版企业还通过多种方式进行跨地域经营，参与全国出版市场的竞争。

3. 逐渐参与国际出版市场竞争

国内市场竞争的加剧和资本的扩张本性，促使我国部分有实力的出版企业开始走出国门，进入国际市场。如 2007 年 9 月，中国出版集团旗下的中国出版对外贸易总公司分别与法国博杜安出版公司、澳大利亚多元文化出版社成立"中国出版（巴黎）有限公司"和"中国出版（悉尼）有限公司"；2008 年 7 月，人民卫生出版社投资 500 万美元设立的人民卫生出版社美国有限责任公司收购了加拿大 BC Decker 出版公司的全部医学图书资产。

（三）结论

资本运营行为的绩效由企业的资本实力决定。虽然国内外出版企业的资本运营行为都使出版资本得到增值，但是由于国外出版企业的资本实力更雄厚，所以市场绩效更显著。

1. 国外出版企业的资本实力较强

国外出版业资本运营规模巨大，已经进入了高投入、高产出的阶段。2007 年以来，各大传媒集团的收购价格多为几十亿、上百亿美元，新闻集团以 50 亿美元收购道琼斯集团，汤姆森集团以 176 亿美元收购路透集团，微软以 460 亿美元竞购雅虎，等等。相比国外传媒巨头动辄上百亿美元的投资，我国相对处于弱势。我国出版企业由于资本结构单一、企业规模小，所以资本运营的规模也较小，仍然处于小投入、小产出的阶段。由于运作条件的限制，涉及巨额资金的兼并、收购等资本运营方式在我国出版业较少运用。少数在市场上完成资本积累的出版企业虽然也开始进入较大规模的投资运作，但是大部分资金还是投向产品经营，很少有真正的市场化产权资本运营。

2. 资本运营的业务范围较广

多媒体综合经营是国外大型出版集团发展的普遍现象。从前面的表3—8 可以看出，国外出版集团投资经营的业务涵盖了文化产业的各个领域，包括图书、报纸、杂志、广播、电影、电视、娱乐、信息处理、电子与网络媒体、印刷、发行、俱乐部、网站等，并且每类业务都有突出的品牌，是集团的核心业务。国外出版企业业务构成有两种模式，一种模式是按媒体类型整合为"图书出版＋多媒体出版＋数字出版"，如德国贝塔斯曼集团、施普林格出版集团；瑞典 Bonnier 集团；另一种是按专业内容整合为"传统出版＋信息业务"，如英国培生集团、里德·爱思唯尔集团；加拿大汤姆森集团以及美国麦格劳·希尔集团。目前，我国还未形成以出版为主业的大型传媒集团，图书、报刊、广播、电视、电信等业务部门相互独立。出版企业大多投资于图书出版和发行业务，很少投资相关文化传媒类业务。少数开展跨媒体投资经营的出版集团偏向于投资图书、报纸、期刊等平面媒体，对于新兴的数字媒体持观望态度。

3. 资本运营的地域范围较广

国外出版集团资本运营具有跨国性，往往在不同国家分别上市，并购国外的其他出版企业。如里德·爱思唯尔出版集团和培生集团在伦敦证券交易所、纽约证券交易所等多家证券交易所上市，它们还经常跨地域、跨国界并购其他企业。我国出版业以前一直实行专业分工，条块分割。近几年，出版集团在跨地区投资经营方面取得很大进展。2008 年 5 月 9 日，由海南和江苏两省新华书店集团合资组建的海南凤凰新华发行有限责任公司在海口挂牌成立，海南省新华书店集团占 49％的股份，江苏省新华书店集团占 51％的股份，这是我国发行业首例跨地区投资战略重组项目。目前，我国出版企业资本投资运营基本是在本国进行，跨国资本运营尚处于探索阶段。

三 启示：资本运营要能提高企业价值

资本运营绩效是出版企业资本运营取得的成效，受运营条件和运营方式的影响。在改善运营条件，采取合理运营方式的同时，资本运营要能促进主业发展，运营的最终目标是做大做强出版企业。

（一）出版企业资本运营的基本原则是促进主业经营

从经济学理论上讲，并购、重组等资本运营行为可以暂时脱离主业经营单独进行，并能较快实现资本增值。但是，资本运营主体应该避免盲目进入不熟悉的业务领域，要正确处理资本运营与主业经营的关系。出版企业的资本运营必须有利于主业发展，这种促进作用具体表现在以下三个方面。

其一，资本运营要能促进主业经营实现外部扩张。资本运营的方向、方式要与主业经营目标保持一致，在资金、人力资源和其他存量资产的运用上，要为主业经营服务。

其二，资本运营要能盘活出版企业现有的存量资产，促进主业经营资源利用率的提高。通过配股增发、重组、兼并、联合等方式能够将出版企业创造利润的主营业务同非主营业务的资产有效结合，盘活不良资产，从整体上提升出版企业资产的运作效率。

其三，资本运营要能促进出版企业现代企业制度的完善。出版企业通过多种渠道融资，吸收非国有资本、国外资本，其必然结果是投资主体多元化，企业资本结构、治理结构和经营机制也会趋于合理化。

（二）出版企业资本运营的最终目标是做大做强出版企业

资本运营的直接目的是实现资本的增值，更深层的最终目标是做大做强企业。在具体的资本运营实践中，这个最终目标包括两方面，即出版企业价值最大化和增强核心竞争力。

1. 资本运营要能使出版企业价值最大化。现代企业理论认为，企业是多边契约关系的总和，即股东、债权人、经理层和员工对企业的发展都具有重要作用，各方都有自身利益，共同构成企业的利益制衡机制。因此，只强调某一方的利益而忽视或损害另一方利益不利于企业长远发展。从这个意义上讲，企业价值最大化是指股东、债权人、经理人、员工等所有利益相关者的利益最大化，而不仅仅是股东财富最大化。可见，企业价值的增加是一个长期积累的过程，企业价值最大化是一个着眼于可持续发展的战略目标。

2. 资本运营要能增强企业核心竞争力。"核心竞争力"这一概念是由美国企业战略管理专家汉默尔（Gary Hamel）和普拉哈拉德（CK. Prahalad）1990 年在《哈佛商业评论》上发表的《公司核心能力》一文中提出的，是指组织中的积累性学识，特别是如何协调不同的生产技能和有机整合多种技术流派的学识，并据此获得超越其他竞争对手的独特能力。根据企业核心竞争力的基本概念，并结合出版企业的性质，出版企业核心竞争力的构成要素主要包括出版技术能力、管理能力以及整合能力。伴随着资本运营，出版企业的出版技术、人力资源管理和业务结构都将发生根本性变革。从出版企业角度看，资本运营会促进企业内部资源的合理使用，提高资本使用效率。从出版产业角度看，优势出版企业通过资本运营，可以实现低成本扩张，形成更强的竞争优势；劣势出版企业也可以以较低成本退出，或者被强势企业并购；在我国已形成大、中、小型出版企业相结合，综合性出版企业集团与各具优势的专业出版企业共存的出版产业格局。

出版企业上市

国际出版业正在由产品经营转为资本经营，资本实力成为出版企业发展壮大的要素之一。由于在证券市场融资能迅速积累出版企业发展所需要的资本，所以上市融资是国际出版企业常用的一种资本运营方式。随着我国证券市场的发展和出版体制改革的深入，公开上市发行股票将是我国出版企业资本运营的重要发展方向。"新华传媒"的借壳上市和"出版传媒"的整体上市，既是中央实施文化体制改革的成果，又是新时期出版产业的创新发展成果，在行业内具有很强的示范意义。

第一节　出版企业上市概述

20 世纪初，国外出版业就开始运用上市融资这种资本运营方式，许多著名出版企业都拥有悠久的上市历史和丰富的上市经验，如麦格劳·希尔早在 1929 年就在美国的纽约证券交易所上市。与国外相比，我国的出版企业在上市运作方面尚处于起步阶段。在经济全球化时代，国际出版市场的竞争日益激烈，规模经济效应明显。处于成长阶段尤其是成长初期的出版企业如果要扩大经营规模、提高市场份额，就必须拥有巨额且稳定的资金，但是仅靠企业自身积累很难在短期内满足资本需求，而上市融资则是一种效果显著的快速积累资本的运营方式。

一　国外出版企业上市概况

20 世纪 80 年代中期，国际证券发行量首次超过了国际信贷量，这表明国际筹资者的资金来源开始由原来的银行信贷为主转向以发行各种有价证券为主。到 1996 年，国际证券净发行额达到 5400 亿美元，超出国际银行贷款净额的 33%。1999 年，世界证券市场的市值更是首次超过了全球国内生产总值（GDP）。

全球出版组织最为商业化的是美国。特别是20世纪80年代以后，随着数字技术的发展和相关法律法规的松动，特别是在资本力量的主导下，美国出版产业资本活跃，很多跨地域、跨媒体的出版集团纷纷在美国上市，从资本市场筹集巨额资金以满足全球扩张和技术更新的需要。纽约证券交易所（New York Stock Exchange，NYSE）是目前美国和世界上规模最大、组织最健全、设备最完善、管理最严密、对世界经济有着重大影响的证券交易所。在NYSE主板上市的出版企业共有6家，发行12支股票（见表4—1），根据这些公司的有关情况我们可以得知国外出版企业的上市概况。

表4—1　　　　　　　　在NYSE上市的6家出版企业情况①

公司名称	注册地点	上市地点	证券代码	主营业务范围	服务区域	地位
麦格劳·希尔公司（McGraw-Hill）	美国	纽约证券交易所	MHP	出版教育类图书，提供金融服务和信息传媒服务	全球33个国家	国际著名教育培训机构，美国最大的教育出版商
约翰·威利父子出版公司（John Wiley and Sons, Inc）	美国	纽约证券交易所	JWA、JWB	出版科学、技术、医药类图书（STM），商业、法律类图书，以及教育图书	美国、加拿大、中美洲、欧洲、大洋洲和亚洲	世界化学材料研究的最大商业出版公司，世界三大科技出版公司之一
托马斯·纳尔逊公司（Thomas Nelson）	美国	纽约证券交易所	TNM、TNMB	出版基督教类图书，以及各种畅销书	美国、英国、西班牙等	全球最大的基督教图书出版商
汤姆森集团（Thomson）	加拿大	纽约证交所、多伦多股票交易市场	TOC	出版法律、科技、医学方面的图书，提供金融信息服务	全球46个国家	全球最大的金融信息提供商
里德·爱思唯尔集团（Reed Elsevier）	英国、荷兰	阿姆斯特丹、伦敦证交所、纽约证交所	LES：REL；Euronext：REN；NYES：ENL、RUK	出版科技、医学、法律、教育、商业类图书，提供商业信息	全球29个国家	全球最大科学和医药信息出版商，从纸质出版向数字出版成功转型的出版商之一
培生集团（Pearson）	英国	纽约证交所、伦敦证交所	PSO	出版教育、商业信息和大众读物	全球100多个国家	国际著名教育出版公司，美国最大的儿童出版公司

① 根据纽约证券交易所官方网站有关信息整理而成。

表4—1说明国外上市出版集团资本运营具有规模化、集约化和国际化的特点。

从上市地点看,在6家出版集团中,汤姆森集团、里德·爱思唯尔集团和培生集团等3家集团属于非美国本土公司,并在多所证券交易所上市。这表明了出版业所具有的规模经济效益,也表明了国外出版集团资本力量雄厚,资本运营规模较大。

从主营业务范围看,6家出版集团除了托马斯·纳尔逊公司以外的5家出版集团都是大型综合性出版商,出书类别较为一致,均为科技、教育、商业和法律。它们的业务多元化程度都不高,除了做出版业务,就是做信息服务业务。这表明了国外上市出版集团实行的是集约化资本运营。

从服务区域看,6家出版集团都是跨国集团,实施国际化经营。出版集团的国际化经营程度明显高于报业集团,但是低于期刊集团。报业集团的服务区域大多较窄,美国许多报业集团都是服务于美国本土和英法等国,如纽约时报集团的服务仅限于美国的纽约等十多个州,华盛顿邮报集团仅服务于美国中西部、西部和南部等地区;即使是集商业新闻和信息服务为一体的跨国媒体集团——道琼斯集团,其服务区域也仅限于美国、欧洲、亚洲和中东。期刊集团的服务区域较广,如读者文摘集团为全球60多个国家提供服务,花花公子集团为全球125个国家提供服务。比较特殊的是托马斯·纳尔逊出版公司。该公司的特色是出版宗教读物,在全美几乎每一家旅店的床头都会有纳尔逊出版的《圣经》,但是该公司的国际化程度明显低于其他5家出版集团。这表明了大型出版集团资本运营的国际化特点。

二 我国出版企业上市概况

我国证监会2001年颁布的新版《上市公司行业分类指引》中,将包括"出版业"在内的"传播与文化产业"确定为上市公司的13个基本产业门类之一。深圳证券交易所2001年发布新的行业指数也给出了传播与文化产业指数。2002年5月,湖南出版集团出资6000万元收购了上市公司武汉诚成文化投资集团股份有限公司的股份,成为其相对控股方,实现连带上市,被称为第一家涉足股市的出版集团。

2006年,新闻出版总署根据《中共中央、国务院关于深化文化体制改革的若干意见》的要求，特制定了《关于深化出版发行体制改革工作实施方案》，指出积极推动有条件的出版、发行集团上市融资，做大做强做优。随着国内证券市场的逐步成熟和出版体制改革的深入，我国出版企业一步步走上了上市之路。表4—2是根据公司年报和招股意向书整理而成的我国上市出版企业的有关情况。

表4—2　　　　　　　　　　我国上市出版企业情况

证券简称	上市时间	上市地点	上市途径	股本结构	主要股东	主营业务
新华传媒	2006－10－17	上海证交所	借壳上市	总股本2万6262.8232万股，流通A股1万2436.7268万股	上海新华发行集团有限公司、解放日报报业集团、上海中润广告有限公司	图书发行、报刊经营、广告代理、物流配送
新华文轩	2007－5－30	香港联合交易所	IPO	总股本11万277万股，流通H股3万6940万股	四川新华发行集团有限公司	大众图书、影音产品、教学用书的发行
出版传媒	2007－12－21	上海证交所	IPO	总股本5万5091.47万股，流通A股1万4000万股	辽宁出版集团有限公司、辽宁电视台广告传播中心	图书出版、出版物发行、票据印刷、印刷物资供应
时代出版	2008－7－31	上海证交所	借壳上市	总股本1万9530万股，流通A股5160万股①	时代出版传媒股份有限公司（安徽出版集团）	图书和期刊的出版、发行、印刷等出版传媒业务以及电子信息工程等高科技业务

2006年10月17日，以上海新华发行集团为主体的"新华传媒"以买壳"华联超市"的方式上市，被称为"发行业第一股"。

2007年5月30日，四川新华文轩连锁股份有限公司在香港联合交易所正式挂牌上市，成为国内首家在境外上市的出版发行企业。

同年12月21日，北方联合出版传媒（集团）股份有限公司在上海证券交易所上市，这是国内首家将编辑业务和经营业务整体上市的国内出版传媒企业。"出版传媒"被称为"中国出版第一股"。

---

① 数据来源：http：//q. stock. sohu. com/cn/600551/gbjg. shtml，2008年11月24日。

自北方联合出版传媒（集团）股份有限公司登陆资本市场后，全国各地的出版集团纷纷卷入上市的浪潮中，成为 2008 年出版界的一个热门话题。2008 年 5 月 7 日，安徽出版集团借壳科大创新进入资本市场。科大创新股份有限公司通过向安徽出版集团发行股份，购买其所持有的所有出版、印刷等文化传媒类资产。交易完成后，安徽出版集团将持有科大创新 61.6% 的股份，成为公司的控股股东和实际控制人，而科大创新的主营业务也将转型为图书出版、印刷等文化传媒类业务。2008 年 7 月 31 日，中国证监会正式批复核准科大创新的这一收购活动，安徽出版集团也由此正式进入资本市场，成为"主业整体上市第一股"。

在此期间，江苏凤凰出版集团也正在准备借壳 ST 耀华进入上市公司的行列。此外，上海世纪出版股份有限公司、江西出版集团、湖北长江出版传媒集团、广东出版集团、湖南出版投资控股集团等也在积极筹备上市。

三 我国出版企业上市的必要性

三家出版企业的上市，既是中央实施文化体制改革的结果，又是新时期出版产业的创新与突破，在行业内具有很强的示范意义。在出版业发生深刻变化的背景下，争取上市将是出版企业资本运营的重要发展方向。

（一）从产业竞争力的角度看，上市有助于利用资本的力量提高出版产业核心竞争力

长期以来，主导我国出版产业发展的力量是行政力量。面对新技术的冲击和跨国传媒巨头的挑战，传统的出版产业发展模式已经不适合整个行业参与国际竞争的要求。尽管资本运营已经渗透到我国出版业的各个领域，但是资本的力量却没有显现。而改制上市是发挥资本力量、尽快提高出版产业核心竞争力的重要战略选择。

（二）从企业经营管理的角度看，上市能为出版企业经营提供巨大的资金支持，提高管理效率和赢利能力

以辽宁出版传媒为例。经网上申购，辽宁出版传媒最终确定发行价格为每股 4.64 元，募集资金超过 7 亿元，企业的实力显著增强。这对于扩大投资、加快企业发展具有重大意义。另外，上市能够使出版企业的公司治理结构更趋完善，理顺出版企业与政府的产权关系，实现市场化经营，

从而提高出版企业的经营效率和赢利能力。

随着我国出版体制改革的不断深入，出版企业的跨地域兼并重组将是未来出版业的发展趋势。在这个过程中，资本的力量必将凸显，率先上市的出版企业将具有明显的先发优势。出版企业上市方式很多，按照途径不同，有直接上市与间接上市两种；按照上市所涉及的业务范围不同，有分拆上市与整体上市两种。

第二节 直接上市与间接上市

直接上市是指出版企业从公开发行股票到股票在交易所挂牌交易的整个过程，都不与其他企业发生产权交易，即不是通过已上市公司与证券市场产生联系。[①] 如2007年5月30日四川新华文轩在香港联合交易所上市。

间接上市是指出版企业通过多种方式与上市公司相互渗透而实现上市，主要有买壳上市和借壳上市两种方式。所谓"壳"，是指上市公司的上市资格。买壳上市是非上市公司通过收购债权、控股、直接出资、购买股票等手段取得一些业绩较差、筹资能力较弱的上市公司的所有权、经营权和上市地位，剥离被收购公司资产，注入自己的资产，从而实现间接上市。借壳上市指上市企业的母公司（集团公司）通过将主要资产注入到上市的企业中实现母公司的上市。如上海新华传媒股份有限公司借壳华联超市上市，江苏凤凰出版传媒集团有限公司借壳ST耀华登陆资本市场。

一 我国出版企业直接上市的难点

在我国资本市场，直接上市的门槛比间接上市的门槛高，主要表现在法律门槛高，政策门槛高以及时间成本高。

（一）法律门槛高

对于直接上市公司的资格，根据《首次公开发行股票并上市管理办法》，直接上市的企业必须是股份有限公司；而间接上市则对买壳或者借壳企业没有要求，只要注入足够优良的资产就可以获批通过。

---

① 徐建华、谭华苓、陈伟：《现代出版业资本运营》，中国传媒大学出版社2006年版，第134页。

（二）政策门槛高

一方面，随着现代企业制度的建立，国内大批企业纷纷寻求上市；另一方面，由于我国股市目前尚处于发展初期，市场容量有限，所以监管机构要控制住上市企业的数量，每年获批的新上市企业数量很少。于是，对上市资格的旺盛需求和有限供给使直接上市成为一种稀缺性资源。

（三）时间成本高

出版企业在上市时需要经历的流程，与证监会所列出的其他 12 个行业企业是一致的。按照《中华人民共和国证券法》和中国证监会的规定，直接上市要经历改制、上市辅导、申报材料、审核批准等一系列严格的法定程序，时间长，要求高，风险大；而间接上市除增发新股外，无特别的法律程序，操作得当就可实现上市。

二　我国出版企业间接上市的优点

目前，我国出版企业偏向于采用间接上市的方式，原因在于：

（一）间接上市可以回避一些政策性障碍

通过买壳或者借壳上市一般被认为是一种市场行为，政府基本上不加干涉。在上市之前，交易双方自愿进行，对于买壳方没有严格的资格要求。在上市之后，买壳方可以利用壳公司的配股和增发新股权，较为便利地募集资金；还可以通过向壳公司注入出版集团下属企业原有的优良资产，从而实现以较少的资本控制较大的资本。

（二）间接上市有利于保守商业秘密

证券交易所为了保证上市公司的整体素质和对公众投资者负责，要求上市公司必须定期公告财务报告，对重大投资行为、人事变动、交易行为和诉讼及时披露。这使上市公司的经营活动暴露在公众和竞争对手面前。为了规避这种限制以保守企业的商业秘密，大多数出版企业采用买壳或者借壳的方式间接上市。

（三）我国资本市场上有很多良好的壳资源

在国内证券市场上，"壳"指业绩差的上市公司，甚至更狭义的就是指 ST 企业（一年亏损）和 PT 企业（连续三年亏损）。我国资本市场上有很多 ST、PT 公司，如果利用得当，这些都是良好的壳资源。综合分析资本市场中买壳上市和借壳上市的成功案例，我们认为可以从四个方面考察壳资源的质量。一是壳公司的股本大小。对于买壳者而言，流通盘在3000万股以下的小盘股具有介入成本低、重组后股本扩张能力强等优势，特别是流通盘小，容易在二级市场炒作，因此赢利机会很大。二是壳公司所属行业。像纺织类、商业类和主业不明的衰退类壳公司由于行业不景气，所以借壳成本相对较低。三是壳公司的股权是否集中。买壳上市一般采用股权协议转让方式，股权相对集中易于股权协议转让，容易按照法定程序履行操作手续。四是壳公司的净资产收益率高低。根据中国证监会的规定，上市公司申请配股的条件之一是连续三年平均净资产收益率在10%以上（最低为6%），因此在选择壳公司时一定要考察公司前几年的净资产收益率。

三　案例：上海新华传媒股份有限公司借壳上市

上海新华发行集团有限公司成立于2000年6月10日，是上海新华书店、上海书城、上海发行所和中国科技图书公司等24家企业经资产重组后建立的国有独资企业集团。2004年，按照文化体制改革的要求，集团公司改制为我国出版发行业首家混合所有制的企业集团。上海精文投资公司持有36%的股份，解放日报集团持有34%的股份，世纪出版集团、上海文艺出版总社和文广影视集团各持有10%的股份，形成了比较合理的法人治理结构。2005年4月29日，中国证监会宣布开始进行股权分置改革，国内所有的新股发行暂时停止。在这种情况下，新华发行集团只能选择"借壳上市"，将股权分置改革与重大资产重组相结合。

上海新华发行集团有限公司的借壳上市工作从2006年4月开始启动，同年10月17日完成股改并复牌上市。整个上市过程大致可以分为四步。

第一步，上海新华发行集团出资设立"上海新华传媒股份有限公司"。新华发行集团于2006年4月剥离部分优质资产，并融入上海故事会传媒文化有限公司、上海联市文化发展有限公司、上海久远经营有限公司、上海炫动卡通卫视传媒娱乐有限公司、上海东方书报刊服务有限公司、贝塔斯曼文化实业、东方出版交易中心、图书会展等公司的部分或全部股权，形成了以出版物发行为基础、以大媒体产业为发展方向的传媒企业构架。

第二步，通过收购股权成为上市公司"华联超市"的控股股东。

2006年5月22日，上海新华发行集团以现金收购方式受让上海百联集团股份有限公司、百联集团有限公司、上海友谊（集团）有限公司、上海一百（集团）有限公司等四家公司持有的上市公司"华联超市"11834.5834股非流通股股份，占"华联超市"总股本的45.06%，转让价格为42185元。① 由此，上海新华发行集团成为"华联超市"的第一大控股股东。

第三步，集团将直接和间接持有的上海新华传媒股份有限公司100%股权与华联超市除尚未使用的募集资金以外的全部商业类资产进行资产置换。2006年8月31日，置换双方进行了置换资产的交接，置入的是上海新华发行集团直接和间接持有的上海新华传媒股份有限公司100%股权，作价657982740.71元；对应置出的是华联超市除尚未使用的募集资金以外的全部资产、负债及业务，作价451688104.66元。② 对于置换资产约2.06亿元的差额，华联超市以现金形式全额补足。通过资产置换，上海新华发行集团的文化产业资源被注入上市公司中。上市公司在置入资产的同时吸收了原新华传媒的股份，继承了原新华传媒的全部资产、负债及业务，并更名为"上海新华传媒股份有限公司"。原新华传媒实体不再存续。

第四步，实施"现金对价"，完成股改，将上市公司600825更名为"新华传媒"。根据公司的股权分置改革方案，上海新华发行集团在资产置换成功后采取"现金对价"的股改模式。股改的现金对价内容为：上市公司将未分配利润中6041.7732万元向全体股东分配，分配方案为每10股派送2.3元现金红利。而大股东上海新华发行集团将其获得的红利转送给流通股股东，转送后流通股股东每10股实获4.5元（含税），共计现金红利5570万1329元。另外，上海新华发行集团再向流通股股东每10股直接送8元现金，共计9902万4586元。即流通股股东每持有10股流通股实际可获得12.5元现金。在现金对价的股权改革完成后，这家上

---

① 李武：《新发集团4.2亿入主华联超市 百联开始资产置换》，2008年9月27日，网易商业网（http://biz.163.com/06/0525/09/2HV6BUUS00020QC3.html）。

② 数据来源：《上海新华传媒股份有限公司关于重大资产置换实施进展情况的公告》，2008年9月27日，金融界网（http://share.jrj.com.cn/cominfo/ggdetail_2008-06-28_600825_661578_stock.htm）。

市公司的资产构成中除了新华传媒的经营业务之外，只有 2 亿 8286 万元的未使用募集资金，从而主营业务由原来的超市连锁经营变更为以图书、报刊、电子（网络）出版物为核心的文化传媒经营。其商业运行模式随之改变，公司名称也变更为"上海新华传媒股份有限公司"，成为 A 股市场上第一只真正意义上的发行类传媒股票。

上海新华发行集团通过"股权收购＋资产置换＋现金对价"的方式成功地将绝大部分业务置入了新华传媒后，新华传媒成为新华发行集团的主要利润来源。2005 年，新华传媒主营业务收入 12 亿 1210 万元，净利润为 3558 万元，分别占到新华发行集团 13 亿 3479 万元主营业务收入和 4010.52 万元净利润的绝大部分。

"新华传媒"的上市是在我国资本市场实施股权分置改革和上海国有资产进行战略性重组的背景下进行的，实现了多方共赢。它的资本运营经验值得我们借鉴。

（一）成功改制为借壳上市做好了准备

改制是上市的必要前提，可以先股改再上市，还可以以有限责任公司的身份折股整体变更为股份有限公司。上海新华发行集团采用的是前一种方式。根据中央和上海对文化体制改革的要求，上海新华发行集团有限公司从 2004 年 8 月到 2005 年，在不到一年的时间里完成了由国有独资企业改制为国有多元企业、再改制为混合多元企业的过程。

1. 将新华发行集团有限公司由国有独资改制为国有多元

2004 年 8 月，经上海市委宣传部、上海市国资委批准，上海精文投资有限公司（持有 36% 股权）、解放日报报业集团（持有 34% 股权）、上海文化广播影视集团（持有 10% 股权）、上海世纪出版集团（持有 10% 股权）、上海文艺出版总社（持有 10% 股权）等 5 家国有独资单位作为上海新华发行集团有限公司的投资主体，该公司国有资产由中共上海市委宣传部直接监管。这提高了上海新华发行集团在资本市场上的整体形象和认同度，也确定了国有股权转让的收益主体。此外，这一股权比例结构也有利于吸引社会资本。

2. 以市场化运作方式调整集团股权所有制结构，按照公开、公平的原则吸引社会资本参股，进一步改制为混合所有制的有限责任公司

经批准，2004 年 9 月 6 日至 10 月 8 日，上海新华发行集团的 5 家国

有股东将其拥有的新华发行集团 49% 的股权在上海联合产权交易所公开挂牌，竞价征集合作伙伴。混合所有制企业上海绿地（集团）有限公司中标，以 3.48 亿元的受让价格成为受让人，成为上海新华发行集团的新股东，宣告我国首家混合所有制的新华发行集团在上海诞生。这是全国文化企业通过市场竞价转让股权、实现混合所有制产权改革的首次尝试，也是当时全国产权市场上挂牌竞价交易额最大的单宗产权交易。

3. 调整公司治理结构，为上市的顺利开展做好各项准备工作

2005 年年初，上海新华发行集团成立了新一届董事会。2005 年 2 月 1 日，集团对组织结构和管理机构作了重大调整，由职能管理改为事业部制管理，为企业发展奠定了体制、资源和法律保障的基础。首先，公司建立了符合现代企业制度要求的法人治理结构，深化企业内部制度和机制转变，创新经营管理模式。其次，积极调整产业资源布局，整合系统内的相关资源。最后，通过财务顾问、审计事务所等中介机构梳理、策划和拟定上市方案。

（二）合理选择壳资源

对上海新华发行集团而言，上市公司华联超市是一个很合适的壳公司。原因主要有以下五点。

其一，华联超市的盘子与"新华传媒"比较接近，这对集团上市特别有利。华联超市的总股本约 2.6 亿股，截至 2006 年 4 月 30 日经审计的合并报表净资产值为人民币 9 亿 1402 万 5926.80 元；[①] 2005 年上海新华发行集团的主营业务收入为 13 亿 3479 万元，净利润为 4010.52 万元，以 20 倍的市盈率计算，其总盘约为 10 亿元。[②]

其二，华联超市属于不景气的商业类行业，净资产收益率很低，这有利于降低上海新华发行集团的买壳成本。2005 年，华联超市的每股净资产约为 3.537 元，每股净资产收益率为 −4.32%。[③] 华联超市的总股本约

① 《华联超市股份有限公司收购报告书摘要》，2008 年 9 月 27 日，搜狐财经网（http://business.sohu.com/20060524/n243388865.shtml）。
② 《上海新华书店借壳华联超市》，2008 年 9 月 27 日，书业在线网（http://www.ccbooknet.com.cn/view.php？fid=37&tid=20.html）。
③ 《华联超市股份有限公司 2005 年度报告摘要》，2008 年 9 月 27 日，金融界网（http://share.jrj.com.cn/cominfo/ggdetail_ 2006-04-20_ 600825_ 290460_ stock.htm）。

2.6 亿股，上海新华发行集团借壳的代价约在 5000 万元左右。

其三，两者的参考价值相符合。华联超市是一家全国连锁的超市公司，而上海新华发行集团也有跨区域发展的计划，吸收华联超市的这一特点，也能同时符合新华发行集团的全国连锁概念。

其四，华联超市的股权相对集中，有利于采用股权协议的方式转让。华联超市的第一大股东是上海百联集团股份有限公司，持有 35.25% 的股份；第二大股东是百联集团有限公司，持有 7.4% 的股份。① 这两家都是国有股东。

其五，华联超市的壳资源较为优质。这主要体现在以下两方面。首先，华联超市的净资产收益率较高，为新华传媒的下一步增发新股奠定了基础。净资产利润率是从所有者角度考察企业赢利水平高低，该比率越高，说明所有者投资带来的收益越高。华联超市于 2000 年更名成为上市公司，2001 年净资产收益率为 20.49%，② 2003 年净资产收益率为 16.78%，③ 2004 年净资产收益率为 3.45%，④ 直到 2005 年才出现首次亏损，净资产收益率为 −4.32%。⑤ 其次，华联超市尚有约 4.8 亿元的募集资金没有动用，这为新华传媒的跨区域发展提供了资金支持。

第三节　分拆上市与整体上市

分拆上市是计划经济体制下的企业转为市场经济体制下的公司后到资本市场融资的一条捷径。出版企业分拆上市是指出版企业将编辑业务与经营业务分开，把经营性资产如广告、发行、印刷等剥离出来组建成股份制公司后再上市，上市公司可以代理经营出版企业的广告、发行、印刷等

---

① 《华联超市股份有限公司 2005 年度报告》，2008 年 9 月 27 日，和讯网（http://stockda-ta. stock. hexun. com/stock_ detail_ 600825_ 014866. shtml）。

② 《华联超市股份有限公司 2001 年度报告》，2008 年 9 月 27 日，和讯网（http://stockda-ta. stock. hexun. com/stock_ detail_ 600825_ 029696. shtml）。

③ 《华联超市股份有限公司 2003 年度报告》，2008 年 9 月 27 日，和讯网（http://stockda-ta. stock. hexun. com/stock_ detail_ 600825_ 028174. shtml）。

④ 《华联超市股份有限公司 2004 年度报告》，2008 年 9 月 27 日，和讯网（http://stockda-ta. stock. hexun. com/stock_ detail_ 600825_ 019193. shtml）。

⑤ 《华联超市股份有限公司 2005 年度报告》，2008 年 9 月 27 日，和讯网（http://stockda-ta. stock. hexun. com/stock_ detail_ 600825_ 014866. shtml）。

业务。

整体上市是出版企业将其主要资产和业务整体改制为股份公司后再上市。这里的"整体"是相对于"分拆上市"中的"分拆"而言，主要是指编辑业务与经营业务一起上市，并不表示出版企业全部资产和业务的上市。

一 我国出版企业分拆上市的弊端

出版企业分拆上市是特定历史背景下的产物。处于资本运营起步阶段的出版企业会采用分拆上市方式，一是因为出版业具有意识形态属性，二是因为出版企业很难达到整体上市的严格要求。

第一，出版业的意识形态属性。国家在指导出版业发展时，强调其社会生产方式的双重属性，即经济基础属性和意识形态属性。从经济属性出发，国家支持有条件的出版企业采取合理的方式上市；但是从意识形态属性出发，国家政策对内容生产部分上市融资有极其严格的限制，对非国有资本进入编辑环节也有严格限制。折中的结果就是将经营性资产剥离出来后再运作成为上市公司。

第二，出版企业市场运行机制先天不足，难以达到整体上市的严格要求，于是将企业中的优质经营性资产剥离出来，重组为子公司，并推动其上市。根据《中华人民共和国公司法》和《中华人民共和国证券法》的有关规定，上市公司应该是现代企业制度健全、法人治理结构完善的独立的市场竞争主体。但是，由于长期以来我国更强调出版业特别是出版社的意识形态属性而不是经济属性，因此出版企业的管理体制还存在政企不分的问题，公司运作机制不完善，市场竞争主体地位难以建立。如果严格对照《公司法》和《证券法》的要求，真正符合上市资格的出版企业几乎没有。

在我国资本市场不成熟的特定历史条件下，分拆上市对提高出版企业核心能力具有积极作用。它能使集团公司和上市子公司明确各自的比较优势，集中自身的优势项目，增强主营业务的赢利能力。但是，随着证券市场的发展和股权分置改革的推进，分拆上市会使出版企业产生一系列内部矛盾，如大量的关联交易问题、内容生产部门与经营部门的控制与反控制问题、募集资金的所有权与占有权的分离问题等。这些问题将会严重损害中小股东的利益，最终给上市公司带来重大损失。

（一）大量的关联交易

根据《上海证券交易所股票上市规则》（2001年修订本）和《深圳证券交易所股票上市规则》（2001年修订本）规定，上市公司关联交易是指上市公司及其控股子公司与关联人之间发生的转移资源或义务的事项。分拆上市会导致关联交易的原因有两点：一是因为内容生产业务和经营业务的拆分会使上市公司的经营链条不完整，本质上甚至不是一家完整的企业，所以上市公司缺乏独立的市场地位，关联交易的可能性很大；二是因为国家政策规定，出版行业的企业上市，国有股东必须控股51%以上，而上市公司的核心业务在出版集团而不在本公司，所以上市公司的发展会严重依赖出版集团，这样也会增加关联交易的可能性。过多的关联交易，必定会降低上市公司的竞争能力和独立性，还会影响已上市出版公司的再融资能力。例如，赛迪集团通过入主ST港澳重组为"赛迪传媒"借壳上市，但是因为其核心的编辑出版业务并不在上市公司，存在过多的关联交易，上市重组后再融资方案一直没有得到证监会批准。

（二）内容生产部门与上市公司之间的矛盾

从法理上讲，出版企业的经营性资产拆分上市后，首先做强做大的应该是这个经营性上市公司，但是出版企业争取经营性资产上市的目的是将整个企业做强做大，甚至主要目的是将内容生产部分做强做大，而不是经营性的上市公司。这必然导致内容生产部门对上市公司的控制与反控制。一方面，内容生产部门希望完全控制上市公司。由于内容生产部门位于上市公司的上游，所以上市公司的绝大部分业务都是来自内容生产部门，内容生产部门有可能会大量占用上市公司的资金，对其实施绝对控制。另一方面，上市公司也意图控制内容生产。当上市公司足够强大时，可能会千方百计介入内容生产领域，并利用其市场影响力操纵出版企业的编辑出版方针，甚至变相地建立自己的编辑部门。这点与民营文化公司意图介入出版内容生产环节是一样的。

（三）募集资金的所有权与占有权相分离

从产权理论上讲，上市公司享有上市募集到资金的所有权、占有权、支配权、使用权、收益权和处置权。但是文化与传播产业的特殊性表明，拆分上市后的上市主体往往不是上市公司而是上市公司所属的集团，所以，上市公司的融资很可能被内容生产部门占有，甚至被政府占有。如"电广传媒"就是一个很好的例子。它两次募集资金20多亿元，但是这些资金大部分被其控股方湖南广电产业中心直接或间接占用，该产业中心是政府机构湖南广电厅的下属单位。电广传媒虽然募集到巨资，但是自身却负债累累，最后不得不采取"以股抵债"的方式解脱，成为国内"以股抵债"的第一股，受到社会公众股东的强烈抨击。

二 我国出版企业整体上市的优点

鉴于分拆上市的种种弊端，出版企业迫切需要寻找新的途径整合企业的存量资源和增量资源，优化企业的业务结构。随着国内资本市场的成熟，我国政府也鼓励出版企业积极采用整体上市的方式。2007年10月17日，新闻出版总署署长柳斌杰在接受《光明日报》、英国《金融时报》等媒体采访时表示：未来一年国内还将有一些出版企业陆续准备上市，中国政府将支持出版机构、报业企业和官方骨干新闻类网站上市，并不再要求他们将编辑业务与经营业务拆分，而是鼓励整体上市，以"体现产业的整体性，减少关联交易"，"给股民更高的信任度"。此后不久，在同年12月21日，北方联合出版传媒（集团）股份有限公司于上海证券交易所挂牌上市。这是全国首家获得中宣部和新闻出版总署批准申请整体上市的出版企业，当日便以329.53%的涨幅名列沪深两股市的涨幅第一。

出版企业整体上市具有很多优点，它可以减少关联交易，还有利于公司实施扩张型发展战略。

（一）整体上市可以减少上市公司与大股东之间的关联交易

从资源配置角度看，整体上市后的上市公司由于是独立的市场主体，所以能在企业内部和资本市场上自由配置资源，将上市公司与集团公司之间的大部分关联交易转为上市公司内部的资源配置。从企业经营角度看，整体上市公司由于编辑业务与经营业务没有分开，所以拥有完整的经营链条，业务明确集中，从而可以避免上市公司与集团公司之间的同业竞争，大幅度减少上市公司与大股东之间的关联交易。

（二）整体上市有利于公司不断扩大经营规模，产生规模经济效应

从资源配置角度看，整体上市有利于公司通过主营业务的横向扩张提高上市公司的业务独立性，通过产业链的纵向扩张提高上市公司的资产完

整性，从而降低了整个企业的交易费用，实现企业资源配置效率最优化。从企业经营角度看，整体上市的上市公司由于资源整合能力较强，并且采用规范化的公司化经营方式，所以可以避免控股股东挪用上市募集的资金或者控制上市公司创造的利润。

企业整体上市的方式很多，目前我国企业集团整体上市主要有以下几种方式。

一是，集团公司整体首次公开发行上市。主业明确且集中的集团公司可以先对少量非经营性资产和不良资产进行适当处理，并进行投资主体多元化的股份制改造，然后直接IPO实现整体上市。这种情况适用于母公司旗下的子公司尚未上市，就如辽宁出版传媒的上市。

二是，上市子公司反向收购集团公司主业资产实现整体上市。如果集团公司的主业资产和辅业资产都非常庞大，可以通过上市子公司再融资反向收购集团公司的全部主业资产从而实现集团主业整体上市，而辅业资产则留在上市公司之外。按上市公司支付对价不同，这种整体上市方式可分为两种：一种是上市公司向社会公众再融资（增发、配售或可转债），再以现金形式反向收购集团公司主业资产；另一种是上市公司对集团公司定向增发反向收购集团公司主业资产。如辽宁出版传媒上市后收购辽宁少年儿童出版社有限责任公司、春风文艺出版社有限责任公司和辽宁音像出版社有限责任公司等三家全资子公司。

三是，换股合并。如果集团公司旗下有数家上市公司，并且横向同业或纵向上下游产业链的业务关系密切，则可以选择以一家上市公司为主，通过股票置换完成对其他上市公司的吸收合并或者新设合并，实现集团公司内部同业（通常都是核心业务）整体上市。如与上海世纪出版集团联合投资组建了上海百联世纪图书连锁有限公司的百联集团当初就是采用换股合并的上市方式。

四是，回购上市子公司实现整体上市。当集团公司和下属子公司都是上市公司时，集团公司通过回购方式将其下属子公司私有化。当集团公司处于快速发展阶段时，通常采用这种方式，它既能快速满足集团公司对资金的需求，又能促使集团公司的资源得到进一步整合。如"中石化"的私有化。

我国出版企业的资本运营尚处于初级阶段，所以仅有辽宁出版传媒一家整体上市公司。随着出版产业的进一步发展，我国将会有更多的出版企业通过多种途径实现整体上市。

三 案例：北方联合出版传媒（集团）股份有限公司的整体上市之路

北方联合出版传媒（集团）股份有限公司的前身是以辽宁出版集团为主体的辽宁出版传媒股份有限公司。2000 年 3 月 29 日，辽宁出版集团正式组建并挂牌运营，由辽宁省新闻出版局原来直属的 11 家专业出版社、2 家书店、2 家印刷厂等 22 家企事业单位组成。这是我国出版业第一家真正实现政企分开、政事分开、获得国有资产授权经营的出版集团。2004 年，集团公司按照中央文化体制改革试点的部署，彻底改制成为企业单位，下属单位包括辽海出版社、辽宁科学技术出版社、辽宁电子出版社、辽宁美术出版社、万卷出版公司等 5 家出版社，辽宁发行（集团）有限公司、新华书店北方图书城有限公司、辽宁辽版图书发行有限公司、辽宁北方出版物配送有限公司、辽宁典雅文化图书发行有限公司等 5 家发行企业，3 家生产资料购销印刷企业和票据印刷企业，以及吉尼斯（辽宁）俱乐部。

2005 年 12 月和 2006 年 1 月，中宣部和新闻出版总署分别下文同意辽宁出版集团有限公司作为全国出版界首家带传媒内容上市的出版企业。在此后的两年中，北方联合出版传媒（集团）股份有限公司完成了资产和债务重组，实现了股权结构多元化。2007 年 12 月 21 日，北方联合出版传媒（集团）股份有限公司以"出版传媒"（601999）上市。这是国内第一家被批准将编辑业务和经营业务一同整体上市的出版企业。"出版传媒"从获得批准到整体上市的全过程大致可以分为以下四步。

（一）设立辽宁出版传媒股份有限公司

根据《首次公开发行股票并上市管理办法》，发行者应该是依法设立且合法存续的股份有限公司。2006 年 8 月 29 日，辽宁出版集团作为主发起人，联合辽宁电视台广告传播中心，以发起方式设立辽宁出版传媒股份有限公司。这是一家专为上市而注册成立的企业主体。该公司的资产不仅包括辽宁出版集团剥离非经营性资产和限制资产后的优质经营性资产，而且包括集团的编辑业务。

（二）重组资产和债务，调整业务结构

辽宁出版传媒股份有限公司设立后，根据债券和债务"随资产和业务走"的原则调整公司业务结构。取消辽海出版社的法人资格,将其与主营业务相关的资产负债投入到上市公司,设立名为辽宁出版传媒股份有限公司辽海出版社分公司。同样,辽宁科学技术出版社、辽宁电子出版社、辽宁美术出版社、万卷出版公司都改制为上市公司全资子公司。

在进行资产重组时,辽宁出版传媒收购了辽宁省新华书店和辽宁省出版发行中心,改制成为辽宁省出版发行有限责任公司,以避免同业竞争对其赢利能力的影响。重组后,公司拥有 5 家出版社、3 家发行公司、1 家印刷物资供应公司、1 家票据印刷公司,以及吉尼斯(辽宁)俱乐部。2006 年,辽宁出版传媒的出版和发行业务收入约占其主营业务收入的75%,物资销售收入约占 22%,票据印刷收入约占 2%。业务结构的调整为下一步的首次公开发行做好了准备工作。

(三)出版传媒 IPO

IPO 即 Initial Public Offerings(首次公开发行,也称为新股上市),是指企业通过证券交易所首次公开向投资者发行股票募集企业发展资金。2006 年 11 月和 2006 年 12 月,中宣部和新闻出版总署分别发文批准辽宁出版股份有限公司从香港(H 股)上市变为境内(A 股)上市。在此后的一年时间,辽宁出版传媒股份有限公司经历了发行申报与审核、股票发行与挂牌上市的 IPO 过程。

1. 发行申报与审核

我国新股发行采取核准制,拟 IPO 传媒企业应当按照中国证监会的有关规定制作并提交申请文件,接受审核。2007 年 11 月 20 日,中国证券监督管理委员会发行审核委员会通过辽宁出版传媒股份有限公司拟发 1.4 亿 A 股上市申请。

2. 股票发行与上市

股票正式发行前,需要做好信息披露、路演询价两项工作。首先,拟发行出版传媒企业应在指定报刊披露招股意向书摘要及发布公告等信息。辽宁出版传媒股份有限公司于 2007 年 12 月 6 日在《中国证券报》等报刊和上海证券交易所网站(http://www.sse.com.cn)刊载了《辽宁出版传媒股份有限公司首次公开发行股票招股意向书摘要》。然后,进行路演(road show),向投资者进行推介与询价,并根据询价结果协商与确定发行价格。2007 年 12 月 7 日至 11 日,辽宁出版传媒股份有限公司进行路演及初步询价，确定 A 股发行价格区间为人民币 4.20 —4.64 元/股；12 月 13 日开始网下发行；12 月 14 日进行网上申购。① 在路演与询价结束后，拟 IPO 出版传媒企业才能按照证监会核准的发行方案发行股票，并在获得证券交易所同意后办理手续正式挂牌上市。2007 年 12 月 20 日，公司在上海证券交易所网站刊载了《辽宁出版传媒股份有限公司首次公开发行股票上市公告书》。2007 年 12 月 21 日，辽宁出版传媒股份有限公司在上海证券交易所挂牌上市，市场反应良好。首日上市收盘价 19.93 元，较发行价 4.64 元暴涨 329.53%，成交 86.2 万手，成交金额 14.8 亿元，换手率为 77.01%，成为上海证券交易所 2008 年新股首日最大涨幅股票。

（四）将辽宁出版传媒股份有限公司的未上市资产分步注入出版传媒

出版集团旗下原有 11 家出版社，2007 年年末上市时，其中 5 家被置入上市公司。新闻出版总署在给国务院的《关于辽宁出版传媒股份有限公司境内上市有关问题的情况报告》中，针对上市时保留在出版集团的 6 家出版社，同意"除辽人社和民族社之外的出版社，可以在条件成熟时通过增发或收购等方式并入发行"。2008 年 6 月 30 日，辽宁出版传媒股份有限公司董事会通过决策，整体收购控股集团旗下 3 家出版社 100% 股权，即辽宁少年儿童出版社有限责任公司、春风文艺出版社有限责任公司和辽宁音像出版社有限责任公司。这 3 家出版社都是出版集团的全资子公司。出版传媒此次受让完成后，其控股股东辽宁出版集团有限公司的整体上市接近完成，仅剩辽宁教育出版社有待注入上市公司。

辽宁出版传媒将出版传媒产业的出版、发行、物资供应等多个业务环节形成一体化产业链条实施整体上市，既是文化体制改革的一项重要成果，也是我国出版产业改革和发展的重大突破。回望成功，我们从中获得五点体会。

（一）政府与证券监管部门的有力扶持

纵观辽宁出版传媒的整个上市历程，其成功与来自政府、行业和证券监管部门的鼎力扶助密不可分。

---

① 《辽宁出版传媒股份有限公司首次公开发行 A 股初步询价结果及发行价格区间公告》，2008 年 10 月 3 日，和讯网（http：//download. hexun. com/ftp/pdf_ stockdata/2007/12/13/20601999_ 20071213_ 092002_ 950. pdf）。

第一，关于辽宁出版传媒股份有限公司经营未满三年的问题。《中华人民共和国公司法》第一百五十二条规定了股份有限公司申请其股票上市的条件之一是，"开业时间在 3 年以上，最近 3 年连续盈利"。而辽宁出版传媒股份有限公司在 2006 年 8 月才刚刚注册成立。对于拟上市股份有限公司经营年限未满的问题，2006 年 5 月 18 日起施行的《首次公开发行股票并上市管理办法》规定，"发行人自股份有限公司成立后，持续经营时间应当在三年以上，但经国务院批准的除外"。根据这一规定，证券监管层为辽宁出版传媒股份有限公司争取到国务院豁免文件。

第二，关于辽宁出版传媒由香港 H 股上市改为境内 A 股 IPO 的问题。辽宁出版传媒起初准备在香港 H 股上市。2006 年 8 月，集团陆续收到了辽宁省人民政府《关于同意辽宁出版集团有限公司改制重组并赴香港联交所主板上市（H 股）的批复》和国家新闻出版总署《关于同意辽宁出版集团有限公司改制重组赴香港联交所主板（H 股）上市有关事宜的批复》。但是仅仅三个月后，辽宁出版集团有限公司又突然决定改为 A 股 IPO。对于辽宁出版集团变更上市地点，从中央到地方毫不迟疑的予以放行，国家新闻出版总署、中共中央宣传部、辽宁省人民政府分别在 2006 年的 11 月 13 日、11 月 23 日、12 月 5 日陆续发文批准变更地点事宜。

第三，关于"出版第一股"能否整体上市的问题。"报业第一股"是 2004 年 12 月 22 日于香港联交所上市的北青传媒，"发行第一股"是 2007 年 5 月 30 日上市的四川新华文轩。它们上市的都是经营性业务。北青传媒因报纸意识形态性较强，被非常肯定地指令不适于整体上市，四川新华文轩则是本身就不涉及采编业务。"出版第一股"能否整体上市，成为世界各大媒体讨论的焦点。人们质疑中国政府是否会放宽出版内容上市的政策。2007 年 10 月 17 日，在辽宁出版传媒上市的最后冲刺阶段，国家新闻出版总署署长柳斌杰以十七大代表的身份接受媒体专访时，透露出"中国政府将支持出版机构、报业企业和官方骨干新闻类网站上市，并不再要求他们将编辑业务与经营业务拆分，而是鼓励整体上市"这一重要政策转向。显然，这样的表态说明了政府对辽宁出版集团公司整体上市持尝试性鼓励和支持的态度。

（二）体制创新产生市场主体

"出版传媒"能在整体业务上市中率先取得突破，与辽宁出版集团多年坚持体制改革所取得的成果密不可分。

第一，实行政企分开、政事分开。2000 年 3 月，辽宁出版集团有限公司成立，在全国率先走出了政企分开的新路，成为国内第一家获得国有资产授权经营的出版产业集团公司。集团实施了合理的制度安排，在行政隶属关系上彻底脱离了辽宁省出版行政管理机构，即辽宁省新闻出版局。

第二，重整产业架构，规范运作。这主要体现在处理国有资产、建立公司治理结构和优化资源配置三方面。在处理国有资产方面，集团盘点了所有授权经营的资产，核准并变更房产、土地的权属和使用方式，重新理顺大量历史遗留问题。在公司治理方面，集团始终遵循市场运作规律，以现代企业制度理顺集团公司和成员单位之间的关系，依法组织董事会，按照《公司法》建立法人治理结构。辽宁出版集团有限公司将原来所属 20多家主管主办单位全部变成以资本为纽带的全资子公司，母子公司的法人代表对所属公司资产负责。在优化资源配置方面，集团合理集中生产要素，实施重组和内外公开招投标经营，让业绩差的出版社的资源流向业绩好的出版单位，关闭了经营极差的两家期刊社和一家出版社，拆分了不能完成效益指标、前景不明的成员单位。

第三，规范转制，转换身份，实施大规模的人员结构调整。集团对1000 多人进行了稳妥的分流或者与之解除劳动关系，将在职在岗的 2000多名职工由事业编制转变为企业编制。由于运作人性化，特别是在养老保险和医疗保险等方面政策厚待到位，人员分流和身份转换工作进展顺利，2004 年，辽宁出版集团有限公司所有员工全部转为聘任人员。

整体上市后，"出版传媒"又对公司运营做出了具有创新性的制度安排。一是在编辑业务方面，"出版决策权"与其他编辑业务分离，由辽宁省新闻出版局直接控制；建立了公司的选题管理机制，对上市出版社的选题进行严格把关。二是在经营业务方面，为了避免受大股东控制的风险，上市公司与辽宁出版集团保持独立运营，在业务、资产、机构、人员和财务方面两者的界限清晰，采取关联交易表决制度和独立董事制度。三是在产权方面，根据国有资本绝对控股的原则，集团确保国有资本对上市公司的绝对控制力、支配力和影响力，在公司章程中设有明确的条款用于应对上市后再融资时股本及经营决策权被稀释的变化。四是在法人治理结构方面，按照出版业的意识形态特殊属性和社会效益第一的原则，公司党组织在集团内部采取垂直管理方式，在集团各子公司、分公司和本部都设立了规范的党组织，这些党组织隶属于集团公司党委。

（三）整合优质资产，分步实施上市规划，保证上市公司高效运营

以上市的出版社为例，对当时符合上市条件的出版社 IPO，对不符合上市条件的出版社整改后以收购的方式上市。IPO 的 5 家出版社在国内细分出版市场都是名列前茅的优秀出版社。辽海出版社侧重中小学教材教辅；辽宁科技出版社的优势是出版国内建筑、医学类专业图书，近年来出口图书获利占全社总利润近 40%；辽宁美术出版社的优势是出版高校美术教材，万卷出版公司的出版优势在艺术收藏和鉴赏类图书领域，辽宁电子出版社以全国专业技术评定类教材见长。IPO 后，辽宁出版集团分步实施上市规划，对经营不善的出版社进行整改，再分步注入上市公司。例如，春风文艺出版社是国内较有影响的文艺出版单位，它的"布老虎丛书"遐迩闻名，累计发行 600 万册。但不为外界所知的是，辽宁出版集团公司成立之前，春风文艺出版社已经资不抵债。针对春风文艺出版社的亏损现状，出版集团采取了剥离不良资产等一系列整改措施。2007 年上半年，春风文艺出版社净利润约 100 万元。2007 年 6 月 30 日，该企业总资产为 2122 万元，净资产为 3249 万元；① 而到 2008 年 3 月 31 日，春风文艺出版社账面价值约 224.66 万元，评估价值约 305.26 万元，增值率约 35.9%。②

（四）在确保国有股控制力的同时引入社会资本，实现股权结构多元化

上市前，辽宁出版传媒股权结构单一。其大股东为辽宁出版集团，持股性质为国家股，控股比例为 98.05%；辽宁电视台广告传播中心持有剩余 1.95% 的股权，股权性质为国有法人股。上市后，辽宁出版传媒引入 25.41% 的社会资本，出版集团持股比例将下降至 73.14%，辽宁电视台广告传播中心持股比例降至 1.45%。③ 个人投资者、机构投资者的参与使

① 《辽宁出版集团"分步"注入出版传媒》，2008 年 10 月 2 日，和讯网（http://news.hexun.com/2008-04-19/105370983.html）。

② 《出版传媒：关于整体收购辽宁出版集团有限公司所属有关出版社的关联交易公告》，2008 年 10 月 3 日，金融界网（http://share.jrj.com.cn/cominfo/ggdetail_2008-07-01_601999_662705_stock.htm）。

③ 数据来源：《辽宁出版传媒股份有限公司（601999）2007 年年度报告》，2008 年 10 月 3 日，和讯网（http://download.hexun.com/ftp/pdf_stockdata/2008/04/15/20601999_20080415_202001_513.pdf）。

辽宁出版传媒的股权结构相对多元化。同时，出版集团的绝对控股地位保证了国家对辽宁出版传媒的控制，能有效避免出版安全方面的问题。

（五）用高新技术推动产业升级，确保企业资本保值增值

辽宁出版集团不断利用数字技术、网络技术改造传统出版业，推动出版业升级，增强企业核心竞争力。一是利用现代技术缩短出版周期。辽宁出版集团所在的出版智能大厦，不但单独铺设了专用光缆线，而且直接与3颗卫星连接，加快了集团内部信息流通的速度。新书的出版从组稿、编辑到印刷、在书店上架，最短只需要7天。二是利用电子技术不断创新出版载体形式。辽宁出版集团生产了第一例标准中文电子图书"掌上书房"，开发了我国出版业第一个电子图书资源数据库。三是利用数字技术提高出版印制技术。集团引进国内第一条数字化印刷制版系统（CTP），应用世界先进的POD数码印刷设备。四是利用网络技术提高物流速度。在出版物发行方面，辽宁出版集团建立了我国出版业第一个实现出版物计算机网络配送的"出版物配送中心"，配送图书种类高达60万种，从中心城市发货到偏僻小镇，48小时内就能将图书送达读者手中。

2009年年初，辽宁出版传媒股份有限公司更名为北方联合出版传媒（集团）股份有限公司，这是公司拟跨区域整合出版资本迈出的第一步，为公司未来通过外延扩张实现资本超常规增长奠定了基础。

出版企业并购

在资本市场中,并购是企业资本运营的一种重要方式。上市融资只是出版企业迈进资本市场的第一步,如何有效利用募集的资金也是一个值得研究的问题。

企业的资本运营分为资本扩张与资本收缩两种运营模式。目前我国出版企业的主要任务是形成核心竞争力,做强做大,因此主要是采用扩张型资本运营方式,即通过追加投资、吸纳外部资源实现企业资本规模的扩大。确切地说,是采用并购的资本运营方式增强核心竞争力。国外许多大型出版集团都是将大量资金用于并购,采用并购式的扩张型资本运营方式做强做大。

第一节 出版企业并购概述

从目前国际传媒企业的业务结构看,越来越多的公司试图将企业运营的各个环节都纳入自己的业务板块,从而达到资源共享、发挥最大协同效应的目的。根据美国证券数据公司的统计,电信业和传媒业与银行业一起,成为当今美国兼并收购最活跃的行业。虽然国内出版企业与国外出版企业在很多方面还存在较大差距,但是兼并重组已经在国内出版业初现端倪。相关主管部门也表示,以跨地域、跨产业链上下游为代表的兼并重组将成为出版企业未来的发展趋势。

一 并购的界定

并购(Merger and Acquisition,简称 M&A)主要是指兼并与收购。兼并(Merger)有狭义和广义之分。狭义的兼并指企业通过产权交易获得其他企业的产权，使这些企业丧失法人资格，并获得它们的控制权的经济行为，相当于《中华人民共和国公司法》中规定的吸收合并。广义的兼并是指在市场机制的作用下，企业通过产权交易获得其他企业产权并企图获得其控制权的行为。广义的兼并除了包括吸收合并外，还包括新设合并和其他产权交易行为。而所谓收购（Acquisitions）是指对企业的资产和股份的购买行为。广义的兼并和收购的内涵非常接近，因此通常把兼并和收购合称为并购。本书所称并购是广义的并购，即认为并购实际上包括了在市场机制的作用下，企业为了获得其他企业的控制权而进行的所有产权交易活动。

出版企业并购方式多样，根据不同的标准可以划分为多种形式。如按照付费方式划分，可以分为现金收购与股票收购；按照是否利用目标企业自身资产情况来作为并购资金划分，可分为杠杆收购与非杠杆收购；按照收购方与被收购方的行业特征划分，可以分为横向并购、纵向并购与混合并购。

从做大做强出版产业、打造出版产业链的角度出发，我们通常按照行业特征，将并购划分为横向并购、纵向并购与混合并购。

（一）出版企业横向并购

出版企业横向并购，指经营同一细分市场的出版企业，特别是专业性较强的出版企业为了争夺同一目标读者群而进行的并购。主要目的是消除竞争、扩大市场份额、增加出版企业的垄断实力或者形成规模经济效应。

针对目前我国各省出版业存在的"大而全"、"小而全"的情况，可以以一家规模较大、效益较好的出版企业为核心，将之与其他相关联的出版企业组合为大型出版发行集团。在组建出版集团的时候采用横向并购的方式，有利于集中资源，形成出版特色，还有利于打破行政隶属关系和地区壁垒。在组建发行集团的时候采用横向并购的方式，有利于控制或影响某一类出版物的市场发行，增强该类出版物的市场竞争力。

横向并购的成功案例在国际出版业很多，如英国的牛津大学出版社、朗文出版社、美国的麦格劳·希尔出版集团，都是典型的通过横向并购成长壮大的专业教育类出版企业。2003年4月18日，我国的高等教育出版社分别与中山大学、天津大学、吉林大学签订合作协议，共同筹建"高等教育出版集团"。从此，我国的出版企业纷纷开始采用横向并购的资本运营方式。

（二）出版企业纵向并购

出版企业纵向并购，指出版企业通过兼并、收购，将经营领域向供应链的上游或者下游延伸。目的是将加强对所需原材料的控制，促进产品的营销。如出版社与印刷厂、新华书店、物资供应公司通过纵向并购组成集编、印、发、供于一体的出版发行集团。此外，纵向并购还可以规避横向并购中经常遇到的反垄断法的限制。

（三）出版企业混合并购

出版企业混合并购，指发生在不同市场、行业之间的资本扩张行为。混合并购又可以分为三种类型：跨媒体型并购、跨地域市场型并购和纯混合型并购。

从出版企业混合扩张的实践看，跨媒体型并购和跨地域市场型并购的成功率较高。这是信息技术和市场发展的必然结果。近几年，信息传播媒介随着科技的发展不断创新，被称为"第四媒介"的网络和"第五媒介"的手机使传统的纸质媒介面临严重挑战。当新型传播渠道出现并得到普及时，传统纸质媒介的使用率必定会下降，利润会不断减少。这时出版企业可以采用混合并购的方式，将新型媒介纳入本企业，逐步实现转型。

纯混合型并购是指在生产上或者职能上没有任何联系的两家或者多家企业的并购。这种并购的目的是进入更具增长潜力和利润率更高的领域，实现投资多元化和经营多样化。目前，纯混合型并购的成功性和绩效仍然受到管理学研究者的一致怀疑。

混合并购的目的是追求组合效应和分散经营风险。德国的贝塔斯曼、美国的维亚康姆等都是典型的通过混合并购方式组建的多元化经营集团。

二　国外出版企业并购概况

长期以来，并购一直是发达国家出版企业实现业务扩张的一种主要手段。诺贝尔经济学奖获得者乔治·J. 斯蒂格利茨曾经说过，纵观美国著名大企业，几乎没有哪一家不是以某种方式、在某种程度上应用了兼并、收购而发展起来的。出版企业也不例外，国际著名的沃尔特斯·克鲁维尔集团、贝塔斯曼集团、培生集团、汤姆森集团等大型出版公司在发展过程中都采用了并购的资本运营方式。

　　表 5—1 和表 5—2 说明了世界著名出版集团业务扩张的历程以及付出的巨额资本。表 5—1 是瑞典 Bonnier 集团 20 世纪以来构建发行业务链的典型事件。通过收购，该集团形成了贯穿生产、营销和物流的完整业务链条。表 5—2 是世界著名出版集团 1997—2004 年为扩张业务而进行买卖和兼并企业的次数和资金规模，说明国外出版集团在成长过程中并购次数多，运作规模大。如培生集团在 1998 年的并购金额高达 82.5 亿美元，汤姆森集团在 2000 年的并购数高达 19 次。

表 5—1　　　瑞典 Bonnier 集团 20 世纪构建发行业务链的典型事件①

发行业务链各环节	典型事件
生产	1946 年，在 Grafisk Farg 和 Solna 开始涉足胶印业务
	1949 年，Dagens Nyheter 购买了造纸厂 Billingsfors
	1988 年，印刷商 Tryck 和 Rotogravyr 合并组建 Interprint
营销	1912 年，在纽约开设一家书店
	1973 年，Dagens Nyheter 购买电影发行公司 Svensk Filmindustry
	1990 年，Bonnier 购买 Scandinavian 音乐俱乐部
	1999 年，SF Bio 影院连锁扩展到挪威
物流	1997 年，Bonnier 家族以 54 亿瑞典克朗购买运输公司 Marieberg

表 5—2　　　世界著名出版集团 1997—2004 年兼并企业的次数和资金规模②

年份	集团						
	Bertlsmann	Axel Springer	Pearson	Reed Elsevier	Thomson	McGraw Hill	Bonnier
1997	—	1 次	5 次；4.6 亿美元	7 次；8 亿美元	3 次；1.3 亿美元	—	2 次；7.6 亿美元，股票交易
1998	3 次	3 次；股票交易	10 次；82.5 亿美元	3 次；32.8 亿美元	2 次；21.3 亿美元	—	—
1999	1 次；股票交易	8 次；股票交易	6 次；1 亿美元	—	2 次		

---

　　① 资料来源：澳大利亚卡斯龙（Caslon）媒体资料分析机构。
　　② 资料来源：澳大利亚卡斯龙（Caslon）媒体资料分析机构。表格内的金额是当年的交易总金额，"—"表示未获得相关数据。

年份	集团						
	Bertlsmann	Axel Springer	Pearson	Reed Elsevier	Thomson	McGraw Hill	Bonnier
2000	4 次；3.6 亿美元	2 次；股票交易	4 次；38.1 亿美元，股票交易	6 次；6.8 亿美元	19 次；33.8 亿美元	—	2 次
2001	4 次；330 万美元	4 次	1 次；股票交易	6 次；20.6 亿美元	5 次；23.6 亿美元	3 次	2 次
2002	—	—	—	—	2 次	—	—
2003	3 次；16.6 亿美元	—	2 次；1.2 亿美元	—	2 次；3 亿美元	1 次；1.15 亿美元	—
2004	—	—	1 次；4.5 亿美元	3 次；7.45 亿美元	—	—	—

　　近几年，国际出版传媒业的并购次数更多，并购金额更大，使全球出版格局发生了重大改变。默多克的新闻集团在以 50 亿美元收购百年老字号道琼斯之后，又出价与微软、美国在线竞购参股雅虎；汤姆森公司以 77.5 亿美元的价格将汤姆森学习出版集团高等教育资产出售给私人投资者后，又斥资 172.3 亿美元并购了路透集团；培生集团以 9.5 亿美元收购里德·爱思唯尔集团旗下的哈考特评估测试公司和哈考特国际教育出版公司；里德·爱思唯尔集团也公布了重大业务重组计划，即集团计划售出旗下的里德商讯业务（Reed Business Information），并出价 41 亿美元收购美国风险管理及数据收集公司 ChoicePoint，计划由传统出版业务全面转向信息服务业务。

　　纵观近几年著名国际出版集团的并购活动，我们发现，很多国际出版企业都将自身定位为市场信息提供商，以专业内容资源为核心实现业务扩张。这主要表现为以下三点。

（一）信息服务类业务整合加速

　　早在 20 世纪 90 年代，许多出版集团已经开始拓展与传统出版业有关的信息业务。如从 21 世纪初开始，沃尔特斯·克鲁维尔集团（Wolters Kluwer）的定位是提供增值性解决方案，从这一经营规划出发，它的收购重点是发展势头良好的软件公司。以 2002 年上半年为例，沃尔特斯·克鲁维尔集团收购的年平均增长率超过 17% 的企业有 Artel、Ciceron、Compliance、Tools、ICC、Moorehouse Black、Uniform 和 Val Infornatique 等，而这些企业大多数为软件公司。[①] 还有麦格劳·希尔集团旗下的标准普尔指数公司、里德·爱思唯尔旗下的律商联讯、培生集团的金融时报集团等都已经从单纯的出版企业转型为金融、财经信息服务企业，向用户提供媒介信息以外的增值服务。

近几年，数字化、网络化使传统出版业务受到影响，增速下降，部分业务甚至出现萎缩，传统出版企业迫于股东投资回报的压力，纷纷转向增长潜力较大、收益率较高的新兴行业。结合出版传媒产业的信息资源优势，数据业务、信息服务业务是近年来许多出版传媒集团的重点投资方向。如新闻集团收购道琼斯主要是看中它的信息行业背景，道琼斯通讯社能够提供实时财经报道和市场评论，发布全球闻名的道琼斯指数；《华尔街日报》在全球拥有庞大的读者群，其深度经济分析报道在商业和财经领域具有权威性。

（二）并购再度回归专业化，跨媒介并购趋势减缓

美国于 1990 年年初放松了对企业跨媒体整合的限制，此后，传媒业掀起了一场跨媒体整合的并购热潮，并在 21 世纪初达到顶点，即所谓的"跨媒介出版时代"。这次并购热潮的主要特点是试图打通内容生产、集成、发行的整条产业链。书业出版集团、新闻报业集团、广播电视集团、网络运营集团等试图打破彼此的边界，形成以内容共享为基础、以媒介产业融合为形式、具有纵向完整生产链和跨媒体庞大营销网络的超大规模的跨媒体集团。

在经历了"跨媒介"并购热潮后，这次几家大型出版集团的并购都是以专业化为导向。例如，汤姆森集团已经出售了旗下以教育出版为主营业务的汤姆森学习集团，集中发展以专业出版为主的数字产品；而培生集团此次收购哈考特后，将会在美国乃至全球的个性化学习领域占据领先地位，里德·爱思唯尔也正在逐步出售旗下的以广告和会展为基础的传统出版业务，集中发展增长更快的信息服务业。

（三）集约化趋势加强，规模经济特征明显

随着专业整合的加速，教育、专业、大众三大出版领域的市场集中度

---

① 杨贵山：《海外书业经营案例》，中国水利水电出版社 2005 年版，第 60 页。

会越来越高，特别是在专业信息服务业方面，规模经济的特点会更为明显。如汤姆森并购路透后，新集团将在财经资讯领域获得 34% 的市场份额，超过彭博新闻社 33% 的份额，同时由于规模效应三年内集团可以节约 5 亿美元开支。[①] 又如里德·爱思唯尔旗下的律商联讯（LexisNexis）是全球著名的法律、保险、智力咨询公司，从事风险管理业务，为政府决策、金融投资、犯罪稽查等领域服务，由于这些业务需要大量的基础用户数据，集团于 2008 年 2 月以 41 亿美元的价格并购了另一家风险管理及数据收集公司 ChoicePoint。

此次并购中的规模经济特征主要体现在两点，一是资本规模越来越大，二是同类资源日益集中。

首先，资本规模越来越大。由于融资便利、反垄断环境趋于宽松以及全球化的客观需要，2007 年以来，各大传媒集团的收购价格多为几十亿、上百亿，有些甚至高出被收购公司的市值水平。如新闻集团以 50 亿美元收购《华尔街日报》所属的道琼斯集团，每股 60 美元现金或现金加股票的报价比道琼斯之前的最新股价高出了 67%。[②] 又如汤姆森集团以高达 88 亿英镑（约 176 亿美元）的高价收购路透集团，微软以 460 亿美元竞购雅虎。这些都说明了资本的强大力量已经在出版企业并购中显现。

其次，同类资源日益集中。对于出版企业而言，并购是一种"扬弃"的经营哲学，即通过增加新业务扩大原有业务的市场需求，或者构建新的核心业务。现代出版业务大致可以分为三类，即大众出版、教育出版和专业出版。三类出版业务在商业特点、经营方式、营销策略和数字化模式等方面都存在很多差异。为了能在世界出版市场中占据领先地位，国外出版集团大多将企业的有效资源集中于开拓某一类出版业务。如贝塔斯曼集团、新闻集团、维亚康姆和日本的讲谈社致力于大众出版业务，美国的麦格劳·希尔出版集团和英国的牛津大学出版社致力于教育出版业务，加拿大的汤姆森和英荷联合的里德·爱思唯尔集团致力于专业出版业务（见表 5—3）。

---

① 《Thomson files information circular for approval of Reuters acquisition》，2008 年 4 月 2 日，（http://www.thomson.com）。

② 林晓芳：《国际收购大战带给中国出版业的启示》，《出版参考》2007 年第 11 期。

表 5—3　　　　　2007 年全球收入前 5 名出版集团主营业务构成①

名次	出版集团名称	总部所在地	2007 年总收入（百万英镑）	主营业务
1	汤姆森	加拿大	7296.73	法律出版、税收出版、科学研究出版、金融数据业务
2	培生	英国	7025.52	中小学教育出版、高等教育出版、职业教育出版
3	贝塔斯曼	德国	6412.32	一般图书出版
4	里德·爱思唯尔	英国/荷兰	6156.82	科技与医学出版、法律出版、商业信息服务、教育出版
5	沃尔特斯·克鲁维尔	荷兰	4982.98	医学健康类出版，金融、税务、会计、法律等信息业务

三　我国出版企业并购概况

兼并收购已经在我国出版业出现，被收购对象既有国有出版企业，也有民营出版机构，还有海外出版公司。国有出版企业之间的并购，有利于打破地域和部门界限、实现产业内部资源的重组和整合、形成跨地区的出版集团。国有出版企业兼并民营出版机构，为民营资本进入出版业提供了正当渠道。此外，我国出版企业还通过并购海外出版机构的途径走向国际市场。资本国际化、在海外直接组建出版实体、收购海外出版公司成为我国出版企业"走出去"发展战略的高级模式。

（一）并购国有出版社

在我国，并购是出版企业实现跨地域发展的重要途径之一。一是因为我国出版业的集团化主要是在各省市内开展的，地域壁垒高，出版集团的跨地域发展受到很大限制，跨地域的并购成为出版企业向省外拓展的重要方式，能使出版企业用较低成本获得异地的出版资源。三是因为随着文化体制改革的不断深入，部委出版单位的改革提上议事日程，一些效益不佳的部委出版社开始进入被并购的行列，而部委出版社最集中的地区是北京，所以，并购北京的部委出版社成为地方出版企业进京发展的一种途径。

---

① 数据来源：Jim Milliot, "Publishing's Top Guns" *Publishers Weekly*, Vol. 28, 2008, p. 4。

2006 年 12 月，江西出版集团与中国宋庆龄基金会签署合作协议，决定对中国和平出版社进行改制重组，江西出版集团出资 80%，控股中国和平出版社。2008 年 3 月，由江西出版集团控股并与中国宋庆龄基金会联合重组的中国和平出版社有限责任公司在北京揭牌。这是我国出版业第一例真正意义上的跨地域兼并重组，同时也是首例由地方出版集团对中央部委所属出版单位进行重组改制。

2008 年 1 月，吉林出版集团和中华工商联合出版社决定成立一家以服务民营企业为主的出版公司——中华工商联合出版社有限责任公司，吉林出版集团占 51% 股份，中华工商联合出版社占 49% 股份，中华工商联合出版社的名称将保留，其权益变更到中华工商联合出版社有限责任公司，公司将以出版图书为主，并增加了音像电子出版等新业务。

（二）并购民营出版机构

20 世纪 80 年代后期，随着中宣部、新闻出版署《关于当前图书发行体制改革的若干意见》的颁布，民营资本开始大规模进入出版业，在政策的灰色地带从事图书的策划、出版和发行工作。民营出版机构既对繁荣出版具有积极作用，又因从事买卖书号等违规出版行为给出版业发展带来各种弊端并导致了出版社的空壳化。近年来，国有出版企业收购民营图书出版机构成为一种现象，一批民营工作室纷纷进入体制内运作。

例如，2005 年 12 月，湖北海豚卡通有限公司与长江出版传媒集团合资成立湖北海豚传媒有限责任公司，长江出版集团与湖北美术出版社、湖北少儿出版社共同持有 51% 的股份，原湖北海豚卡通有限公司的四名股东持有剩余 49% 的股份。长江出版传媒集团是控股方，湖北海豚卡通有限公司成为长江出版传媒集团的二级公司。

又如，2008 年 6 月 29 日，辽宁出版传媒股份有限公司旗下的万卷出版有限责任公司分别与出版策划人路金波、李克成立辽宁万榕书业发展有限责任公司和智品书业（北京）有限公司。万榕公司的注册资本是 2000 万元，万卷公司占 51% 的股份，路金波占 49% 的股份；智品公司的注册资本是 2040 万元，万卷公司占 51% 的股份，李克占 49% 的股份。路金波和李克是以"资源出资"的方式入股，并未直接对合资公司现金出资。

（三）并购海外出版公司

为扶持中国图书"走出去"，2004 年下半年国务院新闻办公室与新闻出版总署启动了"中国图书对外推广计划"。在这个背景下，我国越来越多的出版企业纷纷走出国门寻求海外发展。从"借船出海"到"造船出海"，从单纯销售版权到成立海外出版经营实体，是我国出版企业国际化的又一次升级。

2007 年 9 月，中国出版集团协同下属的中国出版对外贸易总公司，分别与法国博杜安出版公司、澳洲多元文化出版社签订协议，成立三方合作出版社，在法国巴黎注册成立"中国出版（巴黎）有限公司"，在澳大利亚悉尼注册成立"中国出版（悉尼）有限公司"。同年 10 月，中国出版集团又协同下属的中国图书进出口（集团）总公司与培生教育集团，在书展期间与美国签署了合资成立"中国出版（纽约）有限公司"的意向协议备忘录。

2008 年 5 月 14 日，湖南出版投资控股集团与韩国阿里泉出版株式会社在首尔国际书展中国展馆签署股权战略合作协议，将控股韩国该出版株式会社。湖南出版投资控股集团是采用以现金购买股权方式实现同韩国阿里泉出版株式会社的股权战略合作。

2008 年 7 月，经卫生部、商务部批准，中国最大的医学出版机构——人民卫生出版社投资 500 万美元成立了人民卫生出版社美国有限责任公司。该公司成立后就出资收购北美中等规模的医学出版专业机构——加拿大 BC Decker 出版公司的全部医学图书资产，正式进入北美图书市场。人民卫生出版社也因此成为国内第一家收购海外出版资产的出版社。

第二节　并购动因分析

自 20 世纪 90 年代以来，第五次并购浪潮席卷全球，大型企业兼并案例不断涌现。在经济全球化的背景下，出版企业根据企业发展战略而进行的并购活动也十分频繁。1990 年澳大利亚新闻集团收购哈珀·柯林斯出版集团，并将其与英国的威廉·柯林斯出版社合并，拉开了新一轮国际出版并购的序幕。此后，汤姆森集团重组，培生集团重组，贝塔斯曼收购兰登书屋，Viacom 收购 Blockbuster Parament，尤其是在 2000 年出现了美国在线和时代华纳在当时市值达 1650 亿美元的"世纪并购"。

出版企业频繁地进行并购活动一方面是因为资本具有逐利性，需要不断增值；另一方面是因为出版企业需要通过兼并构建自身核心业务，形成企业核心竞争力。

一 从资本属性的角度分析

从资本属性的角度看，出版企业并购是资本扩张性的必然要求。企业并购浪潮是由企业资本的逐利性引起的，这在国外出版企业表现得尤为明显。国外出版企业的资本结构特点决定了其必须通过不断并购实现资本的增值，同时，企业资本构成形式的多样化也为其并购提供了充裕的资金。根据资本构成的不同，国外出版企业主要分为三种类型。一是投资型，即经理和编辑等员工既是股东又是经营者和劳动者。如著名的迪尔蒙特出版公司、K-III 出版集团。二是控股型，即控股公司能以股东身份参加股东大会和董事会，还能拥有多家公司的股票并进行证券交易，但是无权干涉经营管理。如加拿大的布莱克出版集团、英国的培生集团、默多克新闻集团、汤姆森集团均是股票上市公司。一般而言，控股型公司的家族股份较多，所以往往另设一个空壳独立公司（非上市、非经营但却是注册登记的法人）专门控制股权，例如布莱克集团由柏灵顿控股公司控股。三是复合型，即产权结构多元化。如马克斯韦尔集团既有上市公司，又有私营独资企业，还有非上市的股份合作公司和非赢利性的俱乐部、足球队、学校等产权实体。所有类型的资本结构都要求出版企业保持一定的利润增长率，这在各个出版上市公司中尤为明显。为了实现资本的保值增值，并购其他优势资本成为出版企业必然采取的发展策略。

以荷兰的沃尔特斯·克鲁维尔集团（Wolters Kluwer）为例，该集团一直把并购作为自己扩张式发展的重要手段。如表 5—4 所示，仅从 1998 年至 2001 年，沃尔特斯·克鲁维尔集团先后并购了 133 家企业，投入 24.6 亿欧元。并购为其带来了巨大收益。在 1998 年至 2001 年，被收购企业为其创造了 10.62 亿欧元的收入，销售增值率和利润增值率指数分别达到 2.3% 和 8.8%。

表5—4　　　　　沃尔特斯·克鲁维尔集团 1998—2001 年并购情况①

项目	1998 年	1999 年	2000 年	2001 年	合计
并购企业数量（家）	39	28	37	29	133
总投资额（百万欧元）	1079	390	458	533	2460
被并购企业创造的收入（百万欧元）	408	239	211	204	1062
销售增值率（%）	2.6	1.6	2.2	2.6	2.3
利润增值率（%）	9.9	7.2	6.8	11.1	8.8

二　从企业发展战略的角度分析

从企业发展战略看，出版企业并购是形成规模经济效应的重要手段。规模经济效应是众多出版企业谋求并购的主要内在动力之一。出版业具有规模经济的典型特征，即单位产品的边际成本较低，读者购买同一种出版物的数量越多，生产这一产品的平均成本就会越低。

从经济学角度看，企业规模变大主要有两种方式：一种是依靠自身积累，走内涵式发展道路；另一种是通过并购其他企业，走扩张式发展道路。由于当今经济发展具有高效率的特征，并购逐渐成为企业实现规模扩张的主要手段。借助并购迅速发展壮大、进行结构调整、抢占有利竞争地位已经成为全球企业的共识，出版业也不例外。

目前，位居世界前列的出版传媒集团都是通过并购达到现在的规模。例如，20 世纪 80 年代，贝塔斯曼收购了美国最大的纸皮书出版社——矮脚鸡·双日出版社和奥地利的弗里茨·莫尔登出版社，1998 年收购了美国大型大众读物出版公司兰登书屋；1998 年以前还名不见经传的维旺迪公司（Vivendi）也是通过近几年在全球疯狂的并购跻身于全球大型传媒集团之列；默多克的新闻集团更是通过一步步的并购发展成为业务遍及全球的传媒巨头；而美国在线—时代华纳的发展历程更可以说是一个依靠并购迅速成长的典型案例。

三　案例：美国在线与时代华纳的世纪并购

2000 年 1 月 10 日，全球最大互联网服务提供商（ISP）美国在线

---

① 数据来源：杨贵山：《海外书业经营案例》，中国水利水电出版社 2005 年版，第 60 页。

（America Online）以换股方式并购了全球最大的传媒公司时代华纳（Time-Warner），并购金额涉及 1640 亿美元。在新公司，美国在线占 55% 的股份，时代华纳占 45% 的股份。2001 年 1 月 11 日，美国联邦通信委员会有条件地批准了美国在线公司与时代华纳公司的合并，标志着全球最大的互联网服务提供商与最大的传播娱乐集团组建成了"全球第一家面向互联网世纪的大众传播及娱乐公司"。这是当时全球最大的兼并案，同时还开创了新经济企业并购传统企业的先例，体现了资本市场的巨大作用。

美国在线（简称 AOL）成立于 1985 年，并购前是全球最大的互联网服务商。它 1992 年在纳斯达克刚刚上市的时候，年收入仅 3000 万美元，股票市值仅 6600 万美元。1998 年，美国在线借助股市的强大支持，开始大举收购相关公司。2 月，美国在线收购了 CompuSurve 公司，为其带来了优质的技术资源和客户资源；6 月，美国在线以 2.87 亿美元收购以色列 Mirabils 有限公司以及该公司的 ICQ 网上聊天技术；11 月，美国在线以 42 亿美元收购网景公司。收购宣布的一个季度内，美国在线的利润上升了 47%，达到 15 亿美元；到 1999 年 12 月，美国在线已经成为拥有互联服务集团、互联资产集团、网景企业集团和美国在线国际集团的巨型企业，净收入为 762 亿美元，市值达 1640 亿美元。[①] 在短短 15 年时间里，其市值就超过了具有 80 多年历史的时代华纳公司。

时代华纳公司由时代杂志与华纳通信公司合并而成，有近百年历史，是世界最大的传媒集团之一。它拥有多家著名的杂志、报纸、出版社、电视台以及网站。在出版方面，时代华纳以原时代公司为主。90 年代，时代公司旗下有 26 种不同刊物，在全球 167 个国家和地区发行，已经成为世界上技术最先进、行销方式最有效的出版公司。如《人物》周刊（People Weekly）、《体育画报》（Sports Illustrated）、《时代》周刊（Time）的广告收入与发行量都很高，它们的广告收入分列美国杂志广告收入前三名，超过了竞争对手《读者文摘》、《福布斯》、《新闻周刊》，在销售中采用直接邮寄书刊给读者的方式。在娱乐方面，时代华纳拥有华纳兄弟电影公司（Warner Bros.）、华纳音乐集团（Warner Music Group）、卡通电

---

① 孙镜：《美国在线时代华纳：全球最大的网络传媒集团》，载唐润华主编《解密国际传媒集团》，南方日报出版社 2003 年版，第 78 页。

视网（Cartoon Network）、美国有线电视新闻网（CNN）、家庭有线电视网（Home Box Office）等子公司。在 1996 年并购了特纳广播公司（TBS）后，时代华纳又收购了顶点通讯公司等，成为一家集杂志出版、电影制片、电视网络等为一体的大型娱乐传播公司。论收入，时代华纳的出版部门比不上其娱乐部门，但是论影响力，出版业务特别是《时代》周刊等在美国上层社会中占有很大的市场份额。

（一）并购原因分析

两家企业并购是基于以下两点原因：一是因为它们都属于同一类型的企业，即知识型企业；二是因为它们的互补性强，网络产业与传统媒体存在的互补关系是促成美国在线并购时代华纳的根本原因。

1. 两家公司都属于知识型企业

美国在线是以互联网为基础从事知识传播和应用服务的知识型企业；时代华纳虽然是用传统生产方式从事传播服务，但是也属于以知识传播、知识产品的生产和应用为主营业务的知识型企业。两者的区别仅仅是传播知识和应用知识的方式不同。

2. 两家公司存在互补关系，两者的合并是渠道与内容的融合

时代华纳拥有丰富的内容资源，美国在线拥有全球最大的拨号上网服务体系。从实质上看，两家公司并购的真正动机是利用对方的优势弥补自身的不足，试图通过并购达到延伸业务、拓展领域的目的。

时代华纳需要实现由传统企业向数字型企业转型，从而在网络时代继续占据有利的竞争地位。时代华纳虽然拥有全球最丰富的传媒资源，但是缺乏良好的传播渠道，无法将其优质内容传给广大用户。为了解决这个问题，90 年代中期，时代华纳开始进军互联网领域，但是遭受失败。1993 年，时代华纳与微软、美国电信联手进入"互联电视"领域，但是市场反映冷淡；1994 年年底，时代华纳投巨资创办了"开拓者"网站，聚集了公司拥有的所有著名媒体内容，但是 5 年下来血本无归，只好于 1999 年放弃。数次失败使时代华纳意识到需要借助一种强大的推动力量将公司丰富的传媒资源带入网络时代。时代华纳甘心被美国在线兼并，看重的不仅是它作为网络媒体的巨大发展潜力，而且还有它的电子商务和互联网技术。

美国在线需要由窄带服务商转向宽带服务商。美国在线一直在窄带

ISP 领域称雄，但是互联网产业发展的趋势是宽带服务领域，所以必须调整现有业务结构。转型中，美国在线遇到一系列难题。首先，用户上网的主要目的还是看内容，但是美国在线缺乏大量的能够吸引宽带用户眼球的内容资源。其次，靠自身力量建设有限电视网络来发展宽带业务既不经济也不现实，并购现有的有限电视网公司为客户提供宽带服务是最好的办法。但是，与美国电话电报公司（AT&T）等几家有限网络公司的谈判均遭失败。最后，美国在线还面临来自雅虎和微软 MSN 等网络运营商的竞争压力。雅虎虽然不是最大的网络服务商，但却是最大的门户网站；而微软的 IE 浏览器和 Instant Messenger 与美国在线的 Netscape 和 ICQ 展开直接竞争。在这种情况下，与时代华纳合并是最佳的途径。该公司不仅拥有丰富的内容资源，而且拥有美国第二大有限电视网络和庞大的用户群体（见图 5—1）。

图 5—1　并购后的 AOL - 时代华纳旗下五大业务线

（二）并购效应分析

并购当日，时代华纳的股票上涨 40%，每股上涨 30 美元，报价 91 美元；美国在线的股票每股上涨 13 美元，报收 85 美元。但是，随着时间的推移，美国在线—时代华纳的表现每况愈下。"世纪并购"成为"最为失败的合并案例"，其失败表现在股价下跌、信用受损、资产贬值等多方面，最后导致资产剥离和公司更名。

首先是股价下跌。2001—2002 年，美国在线的股价由最高的 85 美元逐步跌至 10 美元左右。合并 3 个月后，随着互联网泡沫的破裂，美国在线的股价一路狂跌，降至每股 60 美元左右。2001 年 "9·11" 事件后，其每股股价跌至 34 美元。2002 年第一季度出现巨额亏损之后，其每股股价跌破 20 美元大关。此后,股价持续下滑,跌到 10 美元左右,比最高股价下跌了 90%。

其次是信誉受损。2002 年 10 月,美国在线被调查出并购做假。2002 年 7 月 18 日,《华盛顿邮报》披露了美国在线公司从 2000 年 7 月—2002 年 3 月采用"非传统的交易"手法夸大了在线广告收入,导致收入虚增 1.9 亿美元、利润虚增 1 亿美元。美国证券交易委员会(SEC)和美国司法部分别对做假案进行了调查。2003 年 7 月,美国在线被指控在合并之前采用欺诈手段人为增加公司营收使得投资者遭受损失。

最后是资产贬值。2002 年,美国在线巨额亏损。由于美国财务准则的变化,对公司并购的商誉折旧方法进行了重大修改,要求不得隐瞒所购商誉的贬值情况。据此,2002 年 3 月 25 日 AOL - 时代华纳从账面核销了 540 亿美元的无形资产,创下美国公司季度亏损额最高纪录。接着,第四季度出现了 449 亿美元的亏损,这使得其 2002 年全年亏损额高达 989 亿美元,创下美国企业有史以来最大的亏损纪录。

在这种局面下,AOL - 时代华纳为获取资金,不得不多次进行资产剥离并将公司更名。2003 年 4 月,出售了在 Comedy Central 公司的股份;5 月,出售亚特兰大运动队;7 月,出售"华娱电视"的股份和 DVD \ CD 业务。2003 年 9 月 18 日,美国在线—时代华纳董事会表决通过将"美国在线"从公司名称中除去,改回合并前的时代华纳,公司标志也恢复为 2001 年 1 月合并前的样子,同时将公司在纽约股票交易所的股票代号改回为"TXW"。

(三)并购的启示

美国在线与时代华纳的合并使美国在线从单纯的网络服务商转型为综合的传媒服务商,也为时代华纳提供了网络技术的支持。然而这个被当时业界公认的强强联合最终以美国在线被"除名"而告终。分析其失败的原因,主要有以下两点。

1. 显性原因是财务危机

从实物角度看,时代华纳明显胜于美国在线,其营业额是美国在线的 4.5 倍,总资产是美国在线的 7.45 倍,赢利能力比美国在线高 56%,商誉是美国在线的 36.6 倍。[①] 然而在资本市场,美国在线的市值是时代华

---

① 张海涛:《知识型企业并购的风险管理》,上海社会科学院出版社 2007 年版,第 237 页。

纳的 2 倍，2000 年美国在线的市值超过 1600 亿美元，而具有近百年历史的媒体巨人时代华纳只有 800 亿美元。美国在线正是巧妙地利用了自己远远高估的市值发起了这场换股并购。并购后，随着美国股市的滑落和美国在线会计做假的暴露，新公司的市值大幅度缩水，股价下跌至并购前的 10%，并于 2002 年以 989 亿美元创下美国企业有史以来的最高亏损纪录。

2. 隐性原因是整合不力

如果新旧媒体想要共同生存、协调发展，就必须走"并购—整合"的道路，包括公司治理模式的整合、业务资本的整合和企业文化的整合。但是从并购后的实际情况分析，新公司的整合并不成功，没有产生协同效应。

（1）内部管理整合不力。时代华纳是一家保守的传统媒体，具有实干家精神；美国在线是新经济的代表，采用开放、冒进的管理模式。合并后的公司管理更复杂，然而没有及时调整企业的决策机制、组织结构和管理方式，导致两种不同管理模式各自为政，人力资本不能有效协同。两家公司的主要领导者李文和凯斯先后离职；企业员工缺乏统一目标，内部的权力斗争激烈；并购一年后，网景公司的员工流失率高达 50%。

（2）业务资本整合不力。并购后，两家公司很少有相互渗透的业务。时代华纳的内容资源没有通过美国在线的网络服务出售给消费者，没有成功建立新型赢利模式。美国在线虽然借助时代华纳有线网（美国第二大有线电视网）提供宽带上网服务，但是效率低下，在全美 1300 万宽带用户中所占比例低于 5%。

（3）企业文化资本整合不力。两家公司的企业文化存在较大差异。时代华纳是传统的知识型企业，其企业文化提倡诚信之道和准确把握市场需求，善于从经验中吸取教训，不断推出新产品。而美国在线是现代高科技的知识型企业，其企业文化更注重以用户接入服务为导向，以快速抢占市场为第一目标。合并后，新公司没有合理解决两种企业文化的冲突，导致在知识资本的协同方面产生矛盾。

通过分析这桩失败并购案例的显性原因和隐性原因，我们发现，造成并购失败的根本原因是两家公司缺乏对并购风险的分析与控制，从而使并购隐藏了巨大隐患，使时代华纳蒙受巨大损失。按照并购过程的三个阶段，这场并购主要存在三个方面的风险。

第一，并购前的信息风险。并购前，由于信息不对称等风险因素的存在，时代华纳不能全面了解美国在线的情况，因此，就产生了美国在线用虚假手段增加账面利润的财务风险。另外，两家企业都属于知识型企业，需要动态地适应外部环境的变化，虽然并购前美国在线以互联网经济为契机获得快速发展，但是并购双方对互联网产业的发展趋势问题缺乏分析，所以，当互联网的泡沫破灭时并购双方遭遇到了行业风险。

第二，并购实施阶段的支付方式风险。并购谈判过程中，价格是双方谈判的焦点，对于并购企业而言，存在支付费用超过所获价值的超额支付的价格风险。在并购支付方式的选择上，合并采取换股方式，美国在线是成功者，时代华纳则是失败者。美国在线通过换股获得大量的实际收益，而时代华纳不仅失去了对新企业的控制权，而且在新的利益分配中只能得到价值不断变动的股票。每股收益和每股净资产都是影响股票价格的重要财务指标，并购后新公司每股收益和每股净资产都大幅度缩水，股票价格也直线下降，从而使时代华纳的原股东蒙受巨大损失。可见，以股票作为出资方式有利于美国在线，而不利于时代华纳。

第三，并购后的资本整合风险。出版传媒企业的对外兼并与对内整合互为一体。前者主要涉及战略伙伴的选择，通常与市值、现金流量、市场份额、债务等因素有关；后者不仅涉及资金、股份、债务等有形资本的整合，还涉及公司治理、企业文化、人力资源等无形资本的整合。网络作为"第四媒体"与传统媒体存在冲突，新旧媒体联合后，这种冲突就演变成为同一利益群体下的竞争。所以，美国在线—时代华纳面对的主要问题是如何有效整合传统的传媒业务和网络新经济，以及应对由此产生的文化冲突。但是，美国在线和时代华纳并购后，业务没有完全融合，造成网络业务下降、媒体业务上升的局面，而企业文化的冲突使企业员工丧失了共同的目标和价值观，造成企业人力资本流失的风险。总之，并购后的整合效果不佳，引发了众多潜藏的风险，使新企业多次遭受风险损失，最后以失败告终。

可见，美国在线和时代华纳并购失败的根本原因是缺乏对并购风险的管理和有效防范。

第三节　并购风险分析

并购风险是指由并购活动引起损失发生的不确定性，是并购活动本身及其环境复杂性、多样性和并购者认识的滞后性、活动条件的局限性共同作用的结果。企业并购的不确定因素很多，因此每一次企业并购都有很大风险。从全球范围看，虽然当今世界500强几乎都是通过多次并购成长起来的，但是多于70%的并购案以效果不佳甚至失败告终。所以，要警惕企业并购中存在的风险，并采取相应的防范措施，提高企业并购的成功率。

一　并购风险的表现

按照出版传媒企业并购的阶段，并购风险大致可以分为并购前的信息风险、并购过程中的财务风险和并购后的整合风险。

（一）并购前的信息风险

在并购前的计划决策过程中，主要风险是信息风险。产生信息风险的原因是并购双方信息不对称。因为并购双方会严守自己的商业秘密，从而使对方基于错误信息而作出不准确的估价。具体而言，这种因故意隐瞒信息而造成的信息不对称主要表现为两点。

1. 虚假的财务报表

因为对企业的赢利能力的评判主要是通过企业的财务报表，而财务报表是可以做假的。如美国在线在并购前就通过关联方交易，将高达2.7亿美元的广告虚假收入计入财务报表，后又通过"来回转账"的方式增加虚假收入。

2. 虚增的价值评估报告

目标企业往往会在进行企业价值评估的时候，高估自己的价值以争取提高并购价格，所以，评估报告的评估值会虚增，不能真实反映企业的资产质量。如2000年时代华纳在资本市场上的市值是800亿美元，而美国在线的市值超过1600亿美元，是时代华纳的2倍；但是时代华纳的资产质量远远高于美国在线，总资产是美国在线的7.45倍，商誉是美国在线的36.6倍，赢利能力比美国在线高56%。[①]

当然，更多情况是目标企业无意隐瞒自己的真实信息，而是因收购方对目标企业的信息搜集不充分而导致并购失败。

---

① 张海涛：《知识型企业并购的风险管理》，上海社会科学院出版社2007年版，第237页。

在我国出版业，由于信息不全而导致并购失败的典型案例是湖南出版集团控股诚成文化。2002 年 5 月 14 日，湖南出版集团以 6000 万元获得诚成文化 11.3% 的股权，以 1.69% 的优势成为诚成文化的第一大股东，但是后来发现，诚成文化只是希望利用湖南出版集团的资金继续运作过去未完成的项目；另外，湖南出版集团虽然比海南诚成多 1.69% 的股份，但是根本不能控制诚成文化，因为在诚成文化中最终话语权取决于谁能联合到更多的中小股东，而不是取决于第一大股东。所以在做了 9 个月的"控股股东"之后，湖南出版集团于 2003 年 2 月将持有的 2350 万股法人股以 6396 万元转让给了广东奥园。①

（二）并购过程中的财务风险

从经济学意义看，出版企业资本运营是以资本增值为目的的经营活动，其原则就是通过不断提高资本配置和资本运行的效率实现资本最大限度的增值。所以，出版企业应该以实现财务成果的最大化和财务状况的最优化作为企业并购风险管理的主要目标。这一目标，决定了财务风险管理在出版企业并购中居于重要地位。

从并购实践看，进行资本运营的出版企业大多处于企业发展阶段的成熟期，有稳定的经营收入，经营风险较小。但是，大规模投资、较高的管理费用和较高的利润分配也使这些企业具有较高的财务风险，通常保持较高的资产负债率。例如，2000 年，里德·爱思唯尔集团收购哈考特的费用高达 45 亿美元，而集团的总资产为 110 亿美元，其中流动资产 40 亿美元，② 仅凭集团的自有资金不能完成这次收购，因此，集团必须运用发行新股、向银行贷款、吸收风险资本和出售资产等多种手段完成这次收购。可见，每一次投资都有很大的财务风险。

并购过程中的财务风险主要产生于支付方式的选择。因为并购支付方式的选择对企业的现金流、资本结构和控制权等都会产生影响，如果选择不当，会造成现金短缺、资金结构失衡，控制权被严重稀释等一系列风险。经常采用的并购支付方式主要有现金支付、股票支付和综合证券支付三种。

---

① 《湖南出版集团退出"诚成文化"》，2008 年 12 月 8 日，新浪读书网（http://book.sina.com.cn/pc/2003-02-19/3/1801.shtml）。

② 孙宝寅、崔保国：《准市场机制运营——中国出版集团发展与现状》，清华大学出版社 2007 年版，第 156 页。

1. 现金并购

现金并购是并购方支付一定数额的现金给目标企业以取得其所有权。现金支付方式的优点在于不会稀释并购方股东的控制权；缺点在于要求并购方在短期内支付大量现金，对并购方的现金流造成很大压力，如果并购后现金周转不灵，就会陷入财务危机。现金并购过程中往往需要注入大量资金，并购现金主要来源于企业的留存收益、银行贷款、发行债券、发行股票等。可见，现金并购的风险主要是融资风险，融资方式会影响企业的借贷资本、权益资本与自有资本的比例结构，进而引起财务风险。尤其是在杠杆并购中，如果出版企业过多使用借贷资本就有可能导致债务过重的财务风险。

2. 换股并购

换股并购是并购方按照一定比例将目标公司的股权换成新公司的股权，目标公司从而终止或者成为并购方的子公司。对并购方而言，换股并购的优点是免于即付现金的压力，不会对企业的财务状况造成较大影响，缺点是如果目标企业股东持股比例过大，会使并购方股东失去控制权。对目标企业而言，换股并购的优点是并购后目标公司股东不会丧失他们的权益，缺点是企业的所有者权益转移到了并购方，并且新增发的股票会影响股权结构，从而淡化股东权益，使原股东丧失对企业的控制权。可见，换股并购的风险主要来源于换股价格和换股比率。

3. 综合证券并购

综合证券并购是指采用现金、股票、认股权证、可转换债券等多种形式作为支付方式。综合证券并购的优点是能灵活运用各种收付方式，降低收付风险；缺点是操作较为复杂，技巧性强。

结合前面美国在线与时代华纳的并购案例，本书认为，如果当时采用综合证券支付方式也许对时代华纳较为有利。因为综合证券支付除了可以采用现金、股票之外还可以采用认股权证、可转换债券等多种形式作为支付方式，这样时代华纳的原股东既可以享有稳定的利息收益，还可以大大降低收付风险。例如采用可转换债券，可以在并购后股价上涨时通过行使转换权成为新企业股东，获取股票增值的收益。

（三）并购后的整合风险

整合风险主要是指出版传媒企业在并购行为结束后，没有对公司战略、公司制度、经营业务、人事制度、企业文化进行很好的整合，影响了并购后新企业的经营绩效。

并购的价值创造源于后期的整合。国外大量并购实践与实证研究表明，并购失败的重要原因之一是并购后的整合不力。就我国的实际情况看，由于众多出版企业的合并是政府行为，因此，我国出版集团在整合方面面临的问题更多，如集团仅仅是单个出版企业的合并，资源不能合理利用，内耗严重，母子公司的责权利不清晰等。具体而言，并购后的整合风险主要有业务整合风险、制度整合风险、利益分配风险和企业文化融合风险等四种。

二 并购风险的规避

风险具有可预测性，所以可以通过一定的方法进行管理与规避。就出版企业而言，规避风险的主要思路是提供对风险的识别能力，加强风险管理，采取多种风险防范策略。下面就具体的风险论述规避的主要措施。

（一）信息风险的规避

信息不对称是资本市场中普遍存在的现象。如果在并购前能够全面了解和分析目标企业的情况，就可以大大提高并购行为的成功率。所以任何形式的并购都必须建立在对运营对象、运营环境、运营条件充分调查了解的基础之上。可以从以下三个方面规避信息风险。

第一，避免盲目相信目标企业提供的信息。目标企业为了使自己的利益最大化，会采用各种方式提供自己的收购身价，甚至不惜做假账隐瞒自己的财务亏空。所以并购方不能轻易相信对方提供的数据。

第二，深入调查目标企业的生产经营状况。资本运营不仅仅是财务操作，而是最终要通过生产经营实现资本增值，所以需要对目标企业的生产经营进行充分调查，获取第一手信息资料。

第三，选择信誉良好的专业资产评估公司。并购前的一项重要工作是资产的清算与评估，这涉及到并购双方的众多利益。在现实操作中，往往会因为评估机构的信誉不良、水平高低和评估方式选择不同而造成资产价值信息的失真，给并购带来风险。

（二）财务风险的规避

大规模的投资、高管理费用和高利润分配常使并购企业的财务风险较高，他们通常保持较高的资产负债率，因此需要企业保持良好的财务状况，使借贷资本、权益资本和自有资本之间的结构更为合理。我们可以从以下三方面着手。

一是，确定合理的融资结构。合理确定融资结构，一是要遵循资本成本最小化的原则，二是债务资本与股权资本要保持适当比例，三是短期债务资本与长期债务资本合理配置。并购企业在选择筹资方案时，应综合评价各种方案可能产生的财务风险，在实现并购目标的前提下，选择风险较小的方案。

二是，选择合理的支付方式。除了现金支付和股票支付，还应该运用金融市场上的多种金融工具。多样化的融资渠道使出版传媒企业能够根据自身情况灵活选择支付方式，从而增加并购收益。

三是，建立财务风险规避机制。在并购中存在多处财务风险，偶然的规避成功不能保证以后的风险都可以规避成功，所以必须建立一个事前预测、事中监测、事后调整控制的财务风险规避机制。

（三）整合风险的规避

资本整合使企业能够最大限度地发挥资源优势，所以整合风险是每个并购企业所必须面对的问题，可以从以下两个方面进行规避。

首先，整合效果预测。有些整合风险产生于并购前，如企业文化的冲突，所以需要全面了解并购双方的业务结构、制度状况、管理体制、企业文化等，以判断两者能否融合、融合的难度有多大，从而对未来的整合工作做好准备。

其次，制定严密完整的整合方案。对整合将要遇到的问题进行系统分析，制定有利于发挥财务协同效应、管理协同效应、业务协同效应的整合方案。

出版企业资产整合

企业在完成并购且取得被并购企业的控制权后，往往忽视企业资产的重新配置和调整。其实，资产整合是决定出版企业并购成败的关键。并购和并购后的资产整合同属资产重组范畴，资产整合一般发生在并购之后。企业并购是为了取得其他企业的控制权从而达到某一目标，而资产整合就是对这一目标的具体实施过程，前者实现了外延的增长，后者则实现了内涵的增长，两者互为补充。资产整合的实质是价值整合，主要是通过优化资本结构，整合公司治理结构和出版业务，实现出版资源优化配置和企业价值最大化。

第一节　并购后整合概述

并购后的整合，是指当一方获得另一方的资产所有权、股权或者经营控制权之后进行的资产、业务等企业要素的整体系统性安排，从而使并购后的企业按照一定的并购目标、方针和战略组织营运。[①] 从美国在线一时代华纳的并购案可知，取得了目标企业的控制权，并不意味着整个并购活动的最终成功，反倒可能会失败，并购后如何运营比如何取得目标企业的控制权更重要。如果被收购企业的战略不能与收购企业的战略相互融合，那么两者很难发挥协同效应，所以，必须将被收购企业的运行纳入到收购企业的整体发展战略结构中。

一　并购后整合战略

出版企业通过资产整合从传统出版转向数字出版是实现出版资产保值

---

① 王先庆：《现代资本运营》，经济管理出版社 2006 年版，第 96 页。

增值的有效途径。无论是从国际出版企业的并购实践和赢利状况看，还是从我国出版产业的发展趋势看，出版企业力图通过并购整合实现向数字出版的转型是未来出版业的发展趋势。

从国际出版企业的发展实践看，数字出版资产是国际出版企业的重点并购对象。大多数出版企业通过收购与出版关系密切的数字化企业实现转型，如软件公司、数据库管理公司等。蓝登书屋收购希伯里斯49%的股份，掌握了自助出版，在新的数字出版界成为可赢利的企业。2006 年培生教育集团（Person Education）先后收购学生信息软件公司 Chancery 和苹果公司的 Power School 网络教育软件，获得了在教育软件出版领域的领先地位。

从国际出版企业的赢利状况看，数字出版企业的收入明显偏高。美国《出版商周刊》和其他国家的几家商业杂志社曾调查了 14 个主要国家的最大出版社在 2006 年的总收入，包括图书出版收入、学术期刊收入、电子出版物收入、数据库收入和其他媒介业态收入。数据显示，从年收入绝对值来看，里德·爱思唯尔（Reed Elsevier）以总收入 76 亿美元高居榜首，仅次于里德·爱思唯尔的是培生（Pearson）和汤姆森（Thomson），见表 6—1。可见，位居 2006 年国际出版企业年收入绝对值前三位的都是已经成功向数字出版转型的传统出版企业。

表 6—1 　　　　　　　全球最大出版社收入排名① 　　　　（单位：百万美元）

排名	出版商	国家	2006 营业收入	2005 营业收入	年增长量	年增长率（%）
1	里德·爱思唯尔 Reed Elsevier	英国/荷兰	7606.30	7217.60	388.7	5.39
2	培生 Pearson	英国	7301.00	6807.00	494.0	7.26
3	汤姆森 Thomson	加拿大	6641.00	6173.00	504.0	8.16
4	贝塔斯曼 Bertelsmann	德国	5995.60	5475.60	520.0	9.50
5	威科 Wolters Kluwer	荷兰	4800.90	4386.20	414.7	9.45
6	阿歇特 Hachette Livre	法国	2567.50	2137.20	430.3	20.13

---

① 2006 年收入和 2005 年收入数据来自：《中华读书报》2007 年各期和 http://yhstar.ycool.com/post.1927255.html，采集日期 2008 年 3 月 20 日。

续表

排名	出版商	国家	2006营业收入	2005营业收入	年增长量	年增长率（%）
7	麦格劳·希尔 Mc Graw-Hill	美国	2524.00	2672.00	−148	−5.54
8	读者文摘 Reader's Digest	美国	2386.00	2390.00	−4	−0.18
9	学士公司 Scholastic Corp.	美国	2283.80	2079.90	203.9	9.80
10	阿格斯蒂尼 De Agostini Editore	意大利	—	2089.10	—	—
11	霍茨布林克 Holtzbrinck	德国	—	1594.84	—	—
12	行星集团 Grupo Planeta	西班牙	1319.50			
13	哈珀·柯林斯 Harper Collins	美国	1312.00	1327.00	−15	−1.13
14	霍顿米孚林 Houghton Mifflin	爱尔兰	1054.73	1282.10	−227.37	−17.73
15	茵孚玛 Informa	英国	1271.14			
16	施普林格 Springer	德/意/英/法	1201.20	1088.10	113.1	10.39

从我国出版产业的发展趋势看，数字出版产业的整体收入近年来持续高速增长。新闻出版总署《2007—2008中国数字出版产业年度报告》显示，与传统出版产业相比，数字出版产业表现出了强劲的发展势头，2007年，我国数字出版产业的整体收入超过360亿元，比2006年增长了70.15%。传统的图书、期刊、报纸与新兴的电子图书、互联网期刊、数字报纸相比，增长率分别为1.64%比33.33%，12.28%比26.67%，11.03%比300.00%，整体为6.16%比96.00%。[①] 见表6—2。

表6—2　　　2007年我国传统出版产业和数字出版产业收入规模增长率比较

（单位:%）

项目	图书	期刊	报纸	合计
传统出版业务	1.64	12.20	11.00	6.16
数字出版业务	33.33	26.67	300.00	96.00

二　并购后整合类型

根据出版企业间战略性能力相互依赖性的高低和被并购企业自治程度

---

① 《〈2007—2008中国数字出版产业年度报告〉精要》，2008年12月15日，中国经济网（http：//www.ce.cn/xwzx/gnsz/gdxw/200810/21/t20081021_ 17129097.shtml）。

的高低，可以把并购后的战略整合模式分为三种类型，即保留型（Preservation）、吸收型（Absorption）和控股型（Holding company）。

（一）保留型整合

在保留型整合战略中，并购企业允许被并购企业最大限度地发挥自身能力，让被并购企业拥有较大自治权。保留型整合不涉及经营资源（如人员、设备、品牌、发行渠道等）的共享，只是功能性资源（如设计、产品开发、出版技术、物流管理、质量控制等）被转移，通常发生于两大出版企业并购后整合中。2008 年 5 月 30 日，美国国际学术出版集团SAGE（Sagepublications）收购了总部设在华盛顿特区的学术出版商 CQ 出版公司（Congressional Quartly Inc.）。这起发生在国际学术出版集团之间的大并购是国际出版界 2008 年最有影响力的收购事件。并购后，SAGE出版集团采用的是保留型整合模式，CQ 出版公司被作为 SAGE 出版集团的独立分支企业，总部仍设在华盛顿特区，CQ 出版公司的所有员工都保持原有岗位。采取保留型整合模式的原因在于虽然两家出版企业都定位于学术性出版企业，但是在具体出版业务上存在很大不同。CQ 出版公司是一家媒体集团，除了拥有相当数量的传统纸媒，还有在线媒体；而 SAGE出版集团全部的出版业务几乎都在学术出版，与集团化媒体相隔较远。如果 SAGE 对 CQ 干涉过多，整合过深，容易导致整合败局。所以，SAGE出版集团保持并购后的 CQ 出版企业原有业务结构。

（二）吸收型整合

吸收型整合战略要求两家企业达到完全的融合。近几年，里德·爱思唯尔的重点是对相关业务进行更大范围和更深程度的整合以增强赢利能力。2008 年，它用于业务整合的资金为 1.4 亿英镑。由于实力强大，里德·爱思唯尔主要采取吸收型整合方式。如里德·爱思唯尔旗下的律商联讯（LexisNexis）在 2008 年 2 月以 41 亿美元收购了大型出版及信息服务集团 ChoicePoint 公司之后，采取吸收型整合模式，将 ChoicePoint 的全部产品转到 LNRIAG 平台上，合并两个数据存储中心以及相关重复机构，通过吸收互补性业务进行整合。里德·爱思唯尔还通过同样的方式并购整合了 Beilstein 重要的化学数据库、临床实践模式资源中心（Clinical Practice Modle Resource Centre）、Juris 公司和 Image Capture Engineering 公司，这些互补性并购整合大大增强了里德·爱思唯尔的数字出版和信息服务实力。

（三）控股型整合

在控股型整合中，虽然被并购企业可能因被控股而丧失大部分自治权，但是这并不意味着并购企业与被并购企业之间的战略依赖性很大，而是可以进行较高层次的整合。这种整合模式多用于一家企业向其他经营领域进行多元化并购的过程中，企业并购的重点不是联合被并购企业以增强自己的核心竞争力，而是通过控股降低企业的整体经营风险或者获得其他产业的高额利润。世界大型传媒集团大多采用这种方式，如加拿大的布莱克出版公司、汤姆森集团、英国的培生集团、默多克的新闻集团。以新闻集团为例。在成立以来的半个多世纪中，默多克主要通过购买其他企业的产权取得对该企业的控股权，对被收购企业采取控股式管理体制。因此，虽然集团旗下有近 800 家企业，业务遍及全球，但是集团股份仍然集中在少数大股东手中，默多克家族持有集团 30%—40% 的股份，前 20 名大股东分别拥有集团普通股的 89.88% 和优先股的 93.94%。①

三 并购后整合内容

战略整合并不是对原有战略的简单修订或者全盘否定，而是在认真考察市场竞争、明确各种危机和机遇的基础上制订出版企业的长远规划和目标。

考察出版企业所处的市场竞争环境可以采用 SWOT 分析法，即通过分析出版企业自身的优势（Strength）和劣势（Weakness）以及外部环境的机会（Opportunity）和威胁（Threaten），认清自身的发展机会和资源优势，在此基础上整合资本结构、公司治理结构和出版业务，从而使企业发展战略协同内外环境的变化。

（一）资本结构整合

随着筹资方式多元化，优化资本结构已经成为出版企业筹资决策中的核心问题。资本结构是指企业的全部资金来源中负债和所有者权益所占的比重及其相互间的比例关系。企业的全部资金来源于两个方面：一是借入资金，包括流动负债和长期负债；二是自有资金，即企业的所有者权益，

---

① 张梦珍：《新闻集团：不断稳步扩展的传媒帝国》，载唐润华主编：《解密国际传媒集团》，南方日报出版社 2003 年版，第 332 页。

在股份制企业为股东权益。合理的资本结构，有利于降低出版企业的资本成本，发挥财务杠杆作用，降低财务风险。

（二）公司治理结构整合

出版企业公司治理结构的确定和调整要服从并服务于企业战略。并购之后，应该对原来各个企业间重复的生产、经营、管理进行相应调整，降低成本。

（三）业务整合

业务整合是为了适应并购后市场地位的变化。出版企业在市场中的竞争地位有领导者、挑战者、跟随者和补缺者四种类型，它们分别处于统治地位、有利地位、防守地位和弱势地位。处于不同市场地位的出版企业会采取不同的企业发展战略。通过并购，出版企业可能会因市场份额的变化由挑战者发展成为行业中的领导者，那么并购后的出版企业就要在战略整合中根据市场地位的变化相应调整自身的发展战略。

以汤姆森并购路透为例。并购前，汤姆森虽然在金融咨询服务领域已经排名第三，但是只有11%的市场份额，远远低于彭博33%和路透23%的市场份额。在领先者彭博新闻社和挑战者路透的双重挤压之下，汤姆森只能充当金融咨询服务市场追随者的角色。这种市场地位决定了它只能通过占领一些边缘市场获得微薄利润。合并后，新集团在国际金融信息领域的市场份额扩大到34%，从而超过彭博，成为这一领域的领先者。这必然要调整以前的企业发展战略，整合业务结构、营销渠道和品牌资源等资产。

第二节 资本结构的优化

资本结构与融资模式密切相关。由于社会历史和文化制度的差异，不同国家企业的融资模式不同。目前国际上的企业融资模式主要有英美模式和日德模式两种。前者是以证券市场为主导，其证券融资可占企业外援融资的55%以上。后者是以银行为主导，其银行融资比例甚至高达企业外援融资的80%以上。与之相对应，在股权结构方面，英美为股权分散化模式，日德为法人集中持股模式。由于我国的社会经济体制和出版业的意识形态属性，我国出版企业的融资模式与国际流行的两大模式有所不同，是以内源融资为主、外源融资为辅。与非上市企业相比，由于优化资本结构对上市出版企业的资本运营具有更为重要的意义，所以以下将针对我国上市出版企业探讨资本结构的优化问题。

一 我国上市出版企业资本结构特点

上市企业的资本结构与融资偏好密切相关，由于多种原因，我国上市出版企业偏好股权融资，股东权益在企业总资本中占有较高比例。此外，股权结构也较为复杂，非流通股股东和流通股股东具有不同的利益机制，这增加了出版企业的资本运营风险。

（一）资本结构以股权融资为主，负债融资比例偏低

上市企业的资本结构与融资偏好密切相关，融资偏好决定资本结构。根据西方经济学家的观点，企业优序融资顺序应该首先选择内部融资，其次是债务融资，最后才是股权融资。几十年来，这种融资顺序理论在西方发达国家各行各业得到了普遍印证。从美、英、德、加、法、意、日等西方七国的平均水平看，平均内部融资比例高达 52.09%，来自金融机构的债务融资占 34.19%，来自金融市场的股权融资仅占 6.37%。[①]

但是我国上市出版传媒企业的融资先后顺序表现为股权融资、短期债务融资、长期债务融资和内源融资。从沪深两地上市的出版传媒、赛迪传媒等十几家传播与文化类公司 2001—2006 年的年报数据看，这些公司内部融资的比例占 20.94%，负债融资比例占 21.44%，股权融资比例高达 57.6%。[②] 表6—3 显示了我国上市出版企业以股权资本为主、负债资本为辅的资本结构特点。

如表6—3 所示，新华传媒 2006 年的总资产为 180785.940692 万元，其中负债总额为 96497.499122 万元，资产负债率为 53.38%，到 2007 年其资产负债率则下降为 43.87%；而在香港证交所上市的新华文轩在 2007 年年末的资产负债率仅为 25.46%。

---

① 数据来源：夏建英：《我国上市公司融资偏好及原因分析》，《西南金融》2006 年第 4 期。

② 数据来源：周君：《中国传播与文化产业上市公司融资结构及资本结构特征研究》，《湘潮》2005 年第 5 期。

表6—3   上市出版企业资本结构情况①   （单位：万元）

	项目	新华传媒	出版传媒	四川文轩
2006年末	总资产	180785.940692	113021.003234	23140000
	股东权益	84288.441570	44767.713951	12171500
	负债总额	96497.499122	68253.289283	10968500
	资产负债率（%）	53.38	60.39	47.40
2007年末	总资产	160761.134255	186620.791257	49352700
	股东权益	90238.383133	125627.228593	36786400
	负债总额	70522.751122	60993.562664	12566300
	资产负债率（%）	43.87	32.68	25.46

出版企业偏好股权融资的原因有三点：

首先，从融资量看，我国出版传媒企业处于高速扩张阶段，仅仅依靠内部积累资金不能满足公司的发展要求，因此，出版企业需要通过在一级市场首次公开发行A股以及配股或增发再融资等多种融资手段筹措资金。

其次，从融资成本看，出版企业的股权融资成本低于债券融资成本。股权融资成本包括支付股利、发行费用以及信息披露成本等，其中主要是股利成本。虽然《证券法》有连续三年不分配现金利润就不能再进行融资的规定，但是由于没有明确的数量要求，所以上市出版企业只需象征性地分红就可以微小的融资成本来保障其再融资权。但是，如果上市出版企业进行债务融资，不仅要受到依约还本、分红、派息等一系列限制，而且在经营不善的情况下还会导致破产的财务风险。所以，上市出版企业更偏好股权融资。

再次，从资本权益看，由于股权投资不能对上市公司管理层构成强有力的治理约束，所以上市公司的管理层更愿意采用配股或者增发等股权融资方式，而不是发行债券或者向银行贷款的债券融资方式。

根据资本结构理论，资产负债率越低，说明企业运用外部资金的能力越差。可见，我国出版企业的资本运营能力有待提高。

---

① 根据各上市公司年报整理，其中新华传媒和出版传媒的资产以人民币计算，新华文轩的资产以港元计算。

（二）股权结构复杂，内部存在利益的非均衡性

我国上市公司的股权结构复杂主要表现为股权分置，总股本分为非流通股（国家股、法人股、内部职工股、转配股）和流通股（A股、B股、H股）。前者只能通过协议转让，不能在股市上自由流通。后者虽然可以在股市上自由流通，但三者的流通市场彼此分割。股权分置导致流通股与非流通股同股不同价、同股不同权、同股不同利，也导致在复杂的股权结构内部存在非均衡的利益。

复杂的股权结构内部存在不同的利益机制。出版企业上市前，股权结构单一，所以不存在不同股权利益之间的平衡问题，但是上市后，由于流通股与非流通股的差异，两类股东会形成不同的利益机制。非流通股股东在资本市场上的主要利益来源是企业经营业绩提高所带来的有限的每股净值上升，以及高溢价股权融资所带来的净资产增值，其收益几乎不受企业股价涨跌的影响。而流通股股东资产的增值是依靠因每股业绩的提升和企业竞争力的增强而促使的股票价格上涨。

不同的利益机制会增加出版企业的资本运营风险。虽然我国独特的二元股权结构可以有力地保障国有法人股的控股权，但是，由于非流通股股东的资产价值和股价波动几乎无关，所以控股股东不会以企业市值最大化（即全体股东利益最大化）为目标，而会更关注企业账面资产净值的增长。这决定了董事会和经理层很难按照全体股民的意愿选择经营决策，不仅缺乏严格规范的激励机制，而且其决策行为难以受到股东的监督和制约。而流通股股东则以股价暴涨为目的，投资决策存在较大的随意性，投资行为具有严重的非理性，进而形成股市的"群羊"效应，影响上市出版企业的资本运营行为。以上两大利益群体的内生矛盾必定会削弱出版企业的经营能力，增加其资本运营风险。

可见，上市出版企业轻视债务融资而偏好股权融资的选择，以及因股权结构复杂而造成的内部利益矛盾，都不利于企业经营业绩的持续增长和资本运营效率的提高。

二 优化上市出版企业资本结构的措施

1958年，莫迪利亚尼（France Modiglian）与米勒（Merton Miller）提出著名的MM理论，指出由于债务利息免税和税收的屏蔽作用，企业在全

部使用债务时其价值最大。20 世纪 70 年代，麦卡林（Meckling）等人提出了权衡理论，指出随着债务的上升，负债带来的节税利益会被财务危机成本和代理成本抵消。从上述理论可知，企业存在最优资本结构。为了达到最优资本结构，出版企业需要处理好以下两种比例关系：一是自有资本与债务资本的最佳比例，即债务资本在资本结构中的比例；二是权益资本的构成比例，即各投资主体在企业所占的产权比例。借鉴资本结构理论，我们可以采取以下措施优化出版企业资本结构。

（一）确定最佳资本结构，适当增加债务融资

根据资本结构理论，适当的负债有利于增加企业价值，并且当处于某一负债比率时企业价值最大。研究者认为，在一般情况下，企业的负债比率在 30%—50% 之间较为合理。我国出版企业的股权融资偏好也与债券市场不完善有很大关系，所以，应该积极发展债券市场，优化证券市场结构。首先，为债券市场交易提供制度保障，如扩大企业债券的发行规模、允许其上市流通、减少对企业债券市场运行的不必要的行政限制、完善法律法规等。其次，重新定位企业债券的市场功能，使企业债券成为企业融资的工具。再次，创新债券品种，以丰富的品种吸引投资者进入债券市场。

（二）优化上市公司股权结构，提高赢利能力

要改善目前上市出版企业的股权融资偏好，必须优化上市公司股权结构。可以从以下两方面着手：一是要解决股权分置问题，消除流通股股东和非流通股股东在利益上的矛盾。非流通股股东向流通股股东进行一定数量的补偿，将非流通股股份定向转让给流通股股东，上市公司用现金向国有股股东收购其手中的国有股股权并以注销的形式进行股权回购。二是增强对第一大股东的制衡，避免"一股独大"的局面。上市出版企业可以在公司章程、首发上市、增发配股过程中提出股权制衡指引，争取将第一大股东的持股比例控制在 25% 左右；还可以将控股股东的国有股以协议的方式转让给其他国有法人股东，以竞争公司控制权。

三　案例：新华传媒优化股权结构

新华发行集团借壳华联超市上市之初，业绩并不理想。根据《上海新华传媒股份有限公司 2006 年年度报告》，合并后新华传媒总资产为 184273.309488 万元，净资产为 87775.810366 万元。根据《上海新华传

媒股份有限公司 2007 年第一季度报告》，新华传媒在 2007 年第一季度的营业收入为 37824.541072 万元，净利润为 1586.078612 万元（见表 6—4）。如果新华传媒 2007 年资本结构没有明显变化，其净资产收益率约为 7.74%，总资产收益率约为 3.69%，全年每股收益约 0.27 元。按照 2007 年 3 月新华传媒停牌时 18.21 元的股价计算，股票市盈率约为 68 倍，远远高出 A 股市场商业板块主要上市公司 30—40 倍的平均市盈率。这表明新华传媒的股价和赢利能力被市场高估。在此背景下，新华传媒通过定向增发的方式优化公司股权结构，提高资产质量。

表 6—4　　　　　　新华传媒定向增发前的主要财务数据①　　　　（单位：元）

项目	2007 年第一季度	2006 年年末
总资产	1698269959.67	1842733094.88
每股净资产	3.266	3.342
净利润	15860786.12	15627178.23
每股收益	0.06	0.06
净资产收益率（%）	1.85	1.78

　　2007 年 5 月 24 日，上海新华传媒股份有限公司发布公告，新华传媒将以每股 16.29 元的价格向特定对象解放日报报业集团和上海中润广告有限公司发行 1.24 亿股股票，即用定向增发的方式收购解放日报报业集团和中润广告约 20.62 亿元的经营性资产，于 2008 年 2 月实施完毕。定向增发使新华传媒的资产结构和质量都得到进一步的优化。

　　（一）定向增发优化了股权结构

　　从股权构成看，定向增发完成后，《解放日报》直接持有上市公司 33% 的股权，成为第一大股东；而新华发行集团的股本将由 45.06% 稀释到 30% 左右，退居为第二大股东；解放日报报业集团、中润广告将分别持有新华传媒 23.49%、8.64% 的股份。从财务风险看，定向增发实施后，新华传媒的总股本由 2.6 亿股增加至 3.9 亿股。在负债总额不变的情

① 数据来源：《上海新华传媒股份有限公司 2007 年第一季度报告》、《上海新华传媒股份有限公司 2006 年年度报告》。

况下，总股本扩大意味着权益资本增加，赢利能力提高，产权比率上升，上市公司的偿债能力增强。

（二）定向增发提高了资产质量

新华传媒定向增发收购解放日报报业集团和上海中润广告有限公司的9项资产都是优质资产，如解放日报报业集团下属的上海申报传媒经营有限公司近三年的年均净利润在4000万元以上，上海人才市场报传媒经营有限公司近三年的年均净利润为1029万元，上海中润解放传媒有限公司2006年净利润高达1.1亿元（见表6—5）。这些注入资产2006年的净利润合计约1.6亿元。根据《上海新华传媒股份有限公司2008年半年度报告》，新华传媒2007年上半年的净利润为6456.610312万元，定向增发完成后，新华传媒在2008年上半年实现净利润10522.084715万元，比上年同期增长62.97%。可见，收购的优质资产使企业的业绩得到显著提升。

表6—5　　　　《解放日报》所属经营性资产一览表①　　（单位：万元）

收购公司	2006年营业额	2006年净利润	优势
申江传媒	14523	4296	发行量约35万份；上海周报中市场占有率第一
晨刊传媒	—	—	2007年3月8日创刊；已受到众多奢侈品厂商的青睐
人才市场报传媒	3305	1029	全国第一家人才专业媒体；位列"2006年全国城市生活服务类周报综合竞争力10强"第5名
地铁时代传媒	1820	275	上海地铁运营公司特许授权，形态独特
房地产时报传媒	1712	379	以权威性、服务性、信息性为特色；位列"2006年全国城市生活服务类周报综合竞争力10强"第4名
解放教育传媒	532	99	独家享有《上海学生英文报》经营权和所有权益
风火龙	—	—	2006年11月成立；承担《新闻午报》和《新闻晚报》的发行
中润解放	89690	11086	上海最大的平面广告代理
解放文化传媒	—	—	2007年3月成立；建设、运营"新传媒大厦"
合计	—	17164	

---

① 夏敏玲：《新华传媒重组给出版发行业资本运营带来什么》，《中国图书商报》2007年5月18日第2版。

第三节　公司治理结构的完善

资本运营不仅关注资产的具体形态及配置，而且关注资本的收益、市场价值以及相应的财产权利。出版企业资本运营的目标，一是要以资本为导向，优化出版资源配置，使有限资产发挥最大经济效益；二是要实现出版企业资本的保值增值。促使这两个目标实现的制度保障是出版企业的治理机制，因而完善公司治理结构是出版企业资产整合的制度内容。

从产权经济学角度看，资本结构是公司治理的基础，公司治理是资本结构的体现和反映，是出版企业资产存在的资产框架。出版企业与一般工业企业的公司治理结构存在较大差别。这种差别主要源于出版企业中人力资本的特殊性以及人力资本在出版企业治理中的权力竞争。根据舒尔茨等经济学家的人力资本理论，人力资本所有者在企业所有权安排中居于重要的地位，现代企业的治理结构应改变资本雇佣劳动的单一化模式。因此，出版企业应该将人力资源产权化，其公司治理结构的完善必须体现人力资本产权的特征。

一　我国出版企业公司治理结构存在的主要问题

公司治理最早源于现代企业两权分离所带来的股东和经理人之间的利益冲突。在产权经济学家看来，公司治理结构是企业所有权安排的具体实现形式，其重要性在于它不仅影响企业准租金分配的条件，还影响企业总剩余的生产。科斯（Ross）的企业契约理论认为，企业的本质是契约关系，企业治理的本质是剩余索取权和控制权的分配。债权人和股东是资本所有者，投入物质资本；经理人和员工是人力资本所有者，投入人力资本。产权交易的结果是"剩余索取权和控制权"的分配，即"企业所有权"的安排。问题在于什么才是最优的剩余索取权和控制权分配方式，即谁应该拥有企业所有权，这正是公司治理结构需要解决的问题。

根据上述理论，目前我国出版企业公司治理结构存在的问题可以归纳为以下两个方面：

（一）从剩余索取权的分配看，因激励和约束机制不健全导致人力资本所有者动力不足

出版企业属于知识型企业。对于知识型企业而言，资本增值主要依靠知识和技术的运用。而人是知识的载体和技术的创造者，在出版企业价值增值过程中发挥越来越重要的作用。所以，对出版企业而言，人力资本所有者（经理人、员工）与物质资本所有者（股东、债权人）应该平等享有剩余索取权。

我国出版企业的股权集中，国有股的平均值为44.9%，主要被各级政府所控制，国家是国有股股东的主体，有关政府部门（如国有资产管理委员会）是国有股权代理人。由于政府部门既没有剩余索取权也不用承担风险，所以他们没有动力去经营企业。同理，出版企业经理人和员工的目标利益与国家的目标不一致，企业内部成员极易集体合谋寻租，共同损害企业利益。

（二）从控制权的分配看，因分权制衡机制不健全而导致内部人控制问题严重

出版企业转制的核心是建立现代企业制度。按照《公司法》的规定，现代企业制度应该成立股东会、董事会、经理层和监事会四位一体的法人治理结构，四者之间形成有效的分权制衡机制。从我国出版企业的现状看，有些出版企业虽然已经进行了企业改制，但是并未在企业内部形成出资者与经营者的权责制衡机制，主要表现为企业内部人控制的问题。例如企业行为短期化。内部人因为没有所有权约束和外部市场压力，所以不追求企业资产的保值增值，也不考虑企业的长期利益，而是看重任期内的自身利益。这表现为过度的在职消费，因工资、奖金等收入过快增长而有损利润，因福利过快增长而有损积累等。

从企业治理结构角度看，出版企业内部控制人的现象源于四位一体的传统治理结构只重视了物质资本所有者的作用，而忽视了人力资本所有者的作用。根据人力资本理论，人力资本的价格应当由市场供求关系和价值实现确定。由于股东与人力资本所有者存在信息不对称，人力资本所有者投入了人力，但是报酬决定权却取决于股东大会，为了回避风险，人力资本所有者自身利益最大化的价值取向将与股东的利益取向不一致。一些人力资本所有者会主动形成"内部控制"以寻求"现实获取"，而监事由于

缺乏相关激励，不行使监督权，实际上侵犯了股东权利。

由此可知，由于人力资本是出版企业不可忽视的因素，所以完善出版企业公司治理结构关键是要解决人力资本问题。承认人力资本所有者的价值和价格对完善公司治理结构具有重要意义，可以在较大程度上激励经理人和员工，并防止内部人控制现象。

二　资本结构是公司治理的基础

根据产权理论，企业资本结构不仅是一个融资模式的选择问题，而且是各个出资的产权主体相互依存、相互作用，最后形成某种制衡的治理问题。威廉姆森（Williamson, 1988）认为，债券和股权与其说是融资工具，不如说是控制和治理结构。债券没有投票权，只有在企业破产或者财务合同被破坏时债权人才能取得企业的控制权；股权有投票权，股东利用投票权可以任命和监督经理人，并干预企业的经营决策。不同的融资方式会导致不同权利的产生和企业利益关系的重新分配。企业的融资决策就是通过确定最佳资本结构，对参与者形成有效的激励约束机制，最终增加企业价值。因此，资本结构影响企业的治理结构及其治理效果，而公司治理结构则是资本结构的体现和反映。具体而言，资本结构对公司治理的影响主要体现在以下三方面。

（一）从激励理论角度看，资本结构通过影响经营者的努力程度及其行为选择，在一定程度上调节委托人与代理人之间的矛盾

按照激励理论，资本结构的选择可以通过股权和债券特有的治理机制协调出资人和经理人、出资人内部的股东和债权人之间的利益和行为，较好地解决企业的代理问题和所有权安排问题，使企业价值最大化。企业举债有利于缓解股东和经理人之间的利益冲突，并且可以减少股东的代理成本。第一，债务比例的上升将增加经理人的股权比例，即经理对于企业剩余价值索取权的比例。第二，债务具有潜在的破产威胁，对经理人具有激励和约束的作用。第三，债务要求企业用现金偿还，使经理人在职消费的"自由资金"减少。所以，合理的资本结构可以限制经理人以投资者的利益为代价追求自身利益，促使其更努力地工作。

（二）从控制权理论看，资本结构决定企业剩余控制权的归属

控制权理论认为，当企业契约不完全时，剩余控制权掌握在谁的手中

对企业治理非常重要，公司治理的关键就是要在契约中明确剩余控制权的归属。一般而言，资产所有者拥有剩余控制权，即对法律或合同未作明确规定的资产使用方式作出决策的权利，所以企业所选择的资本结构会影响剩余控制权的分配。如果选择普通股筹资方式，则在正常经营状态下，股东将掌握剩余控制权。如果选择优先股或者债券筹资方式，则在企业能按期偿还债务的情况下，经理人将拥有剩余控制权；如果企业破产，则剩余控制权将从经理人转移到债权人。可见，企业的剩余控制权具有可转移性。阿洪（Aghiont）和博尔顿（Bolton）认为，资本结构的选择就是剩余控制权在不同证券持有人之间的分配，最优的负债比例应该是在该负债水平上企业破产时，剩余控制权从股东转移给债权人。

（三）从信号传递理论角度看，资本结构能向外部投资者传递企业的经营行为

信号传递理论认为，由于企业经理人与外部投资人对于企业的真实价值和投资机会存在严重的信息不对称，导致企业的市场价值被扭曲。因此，企业经理人可以通过选择合理的资本结构向投资者传递企业的经营状况。第一，资本结构的变化会引起企业产权结构的变动，从而反映了企业对投资人责、权、利的再安排情况和相互制衡关系。第二，资本结构决定了企业投资主体之间的关系，进而决定了企业的组织结构。第三，投资人的共同利益决定了企业投融资方向和企业的财务目标，所以资本结构能反映企业的业务发展方向。可见，使多元化的资本结构实现最佳配置，有利于促进企业行为的合理化。

根据上述分析，本书认为，出版企业可以将人力资本产权化，以人力资本产权为中心建立出版企业治理结构。

三 以人力资本产权为中心建立出版企业治理结构

以人力资本产权为中心的公司治理结构是以人力资本与物质资本的分离为基础，主要解决人力资本所有者与物质资本所有者之间的权力配置问题。针对我国出版企业公司治理存在的问题，本书认为可以通过以下三条途径完善出版企业的公司治理结构。

（一）将人力资本产权化，重新确定治理主体

在传统的出版企业治理结构中，从理论上讲，治理主体是股东，但是

复杂的多层次委托—代理关系往往使治理主体定位模糊，造成国有资产代理人缺位、职工地位虚置等一系列问题。

以人力资本产权为中心的公司治理主体至少包括三个对象。一是股东。新的治理结构虽然否定股东主权论，但是也要保证股东利益的实现。二是经理人。经理人拥有的人力资本具有"专有通用性"，并且属于有价值的稀缺性资源。三是企业员工。根据产权的内涵，出版企业员工拥有人力资本，也应该是产权主体，能够参与公司治理。他们是治理主体，共同享有企业的剩余索取权和控制权。

（二）建立有效的激励机制，合理分配企业利润

从理论上看，公司治理结构的本质是企业所有权安排的具体化，企业所有权首先表现为剩余索取权。实现体现人力资本产权特征的公司治理结构，关键是要从制度上确立股东、经理人和员工分享企业剩余的激励机制。从实践上看，国外出版企业进入我国市场后，必将推行人才"本土化"，即高薪招募出版专业人才。因此，我国出版企业必须创新激励机制和剩余索取权分配方式，加大对人力资源的开发力度。

一是，建立能够体现人力资本价值的、具有竞争激励作用的薪酬体系和分配制度，留住并合理使用企业员工。例如，许多出版社实行以岗定薪、岗变薪变的薪酬制度，还有以云南省新华书店集团有限公司为代表的出版集团采取"国家控股加员工持股"的产权制度。

二是，创新劳动分配机制，让高级经理人及核心专业员工参与出版企业利润分配，从制度层面将人力资本产权化。例如，辽宁出版传媒股份有限公司的子公司万卷出版有限责任公司与路金波和李克成立合资公司，两位自然人都是以"资源出资"的方式入股，而不是现金出资。

（三）建立授权经营、分权管理的多层组织结构，合理分配控制权

在传统的企业治理结构中，企业的权力核心是作为所有者代表的董事会，它行使法人财产权，即占有、支配法人财产的权力。董事会与经理层是委托—代理的关系，经理层是董事会授权的执行机构，不享有企业产权，但是在股权分散的情况下，控制权将会由董事会转移到经理层，即出现"内部人控制"问题。

以人力资本产权为中心的公司治理强调治理主体在拥有出版企业产权的情况下享有实际控制权。在责、权、利对称的条件下，人力资本所有者

获得产权，通过合理经营实现货币资本的保值增值；物质资本所有者的权利集中体现为产权的利益回报。从实践上看，体现人力资本产权特征的公司治理结构是当前世界许多出版企业治理结构的新趋势，如近年来新出现的参与控制型的母子公司管理模式。它是指出版集团母公司投资控股子公司，而子公司的经理人以自然人的身份投资参股总公司的一种母子公司管控模式。参与控制型公司治理模式的优点在于：

第一，出版企业集团母公司与子公司的资产关系清晰，母公司的经营风险局限在子公司的出资额之内，并且可以通过收购、出售、以股份奖励子公司经理人等形式调节母子公司的股份比例，形成有效的母公司物质资本与子公司人力资本相结合的治理结构。

第二，子公司经理人参股子公司，成为子公司资产所有者，通过持有的股份获得公司收益，可促使他们专注于企业的长远利益。

第三，子公司经理人具有子公司资产所有者和经营者的双重身份，因此，可以有效避免"内部人控制"的现象。

第四节　出版业务的调整

业务整合是资产整合的物质内容，是在企业完成并购后在企业内部进行的转变经营机制的行为。在市场经济条件下，出版企业通过资本运营做好融资、并购和资产整合等活动，增加资本积累，从而向读者提供更优秀的读物和海量的专业知识，而这些优秀的出版产品又为再融资提供基础。

从性质上讲，资本运营涉及的是企业实物资产的流动和重新配置，因此是资产整合的物质内容；从方式上看，它是在出版企业主营方向确定的前提下，通过对经营性和非经营性资产的剥离、重新配置等措施形成完整的生产经营体系；从内容上讲，业务整合包括对出版企业内容资源、出版技术、营销方式的调整。

一　业务整合是资本运营的物质内容

出版业务的调整与资本运营有着直接的关系，两者密不可分。企业的业务经营，是围绕企业的主要业务，进行生产管理、产品改进、市场开发等一系列活动。出版企业资本运营是围绕资本增值而进行的一系列活动，即把企业拥有的所有存量资产变为可以增值的资本，并通过在资本市场的运作实现重组扩张，以最大限度地实现资产增值的目标。但是，资本运营本身并不能创造出任何真正的物质财富，所以，需要借助良好的业务经营真正提升企业价值。

欧美大型出版集团几乎都是通过资本运营成长起来的，他们大多把自己的角色定位为内容提供商，在内容建设方面投入巨额资金。例如，在过去5年，培生集团总共投资了16亿美元用于开发独特的有价值的出版内容。培生就是通过同时实施外部并购式外延发展和内部投资式增长的战略，奠定了它在各个核心业务市场的领先地位。

业务整合通过促进资本的流动，优化资源配置，从而实现资本增值。这主要体现在以下两个方面。

第一，从产品角度看，业务整合实质上是出版资源的流动和重新配置，能够提高出版水平和出版物质量。例如，有些丛书、套书等大部头出版物由于启动经费大、制作成本高，一家出版企业很难承受，因此可以采取多家出版企业集资出版的方式或者向民营资本融资的方式出版。如多家美术出版社联合出版《中国历代服饰》画册，又如线装书局向诚成文化投资集团股份有限公司融资出版《毛泽东评点二十四史》。

第二，从企业角度看，业务整合是在出版企业主营方向确定的前提下，通过对经营性和非经营性资产的剥离、重新配置等措施形成完整的生产经营体系。在激烈的竞争市场中，建设生产链离不开资本运营，资本运营会加快出版产业链的建设。例如，北方联合出版传媒（集团）股份有限公司上市融资的一个重要目的就是打造完整的产业链，这可以从表3—5《辽宁出版传媒股份有限公司上市募集资金投向》中反映出来。由该表可知，该公司募集资金主要是用于出版策划、物流配送和发行等业务，这就是在实施纵向一体化经营，建立完整的生产链。

二 业务调整的重点内容

在数字时代，Web2.0、博客、播客、拍客、WIKI等数字技术的发展使出版活动发生了巨大变化。传统出版主体以外的个人和机构能够很容易地生产、复制文本内容并使其广泛传播而产生极大影响。例如，基于WI-KI技术的维基百科就是一种由互联网用户协作完成的在线免费百科全书。

低技术使用门槛使维基用户很容易就能修改、增加并复制其中的词条。目前，维基百科网站已经成为了互联网上最流行的参考咨询网站之一。根据Alexa官方统计数据，维基百科网站访问排名在全球网站中排第6位，[①]日均访问人数达到12万。[②] 在数字技术不断创新的环境下，传统出版的"领地"正在一点点地被其他行业蚕食。

在我国，根据新闻出版总署发布的统计资料，近三年，我国图书、期刊的出版品种在增长，总印数却在逐年下降。同时，中国出版科学研究所连续三年对全国国民阅读与购买倾向所做调查的结果也表明，传统纸质出版阅读率持续走低，而网上阅读则大幅度上升。在这样的背景下，投资数字出版是传统出版在颠覆性的技术革新环境中继续发展的必然选择。中国出版集团公司成立数字传媒有限公司，与北方方正集团进行战略合作，正是出于积极应对数字出版发展趋势的考虑。

可见，出版企业需要调整出版业务经营，实现从传统出版到数字出版的战略性转型，从而保持在数字技术环境中的文化角色和市场价值。

从数字内容产品价值实现过程来看，数字内容产业的价值链大致可分为五个阶段：内容产品的采集和创意阶段、制作和集成阶段、传输和分发阶段、运营和分销阶段、内容的终端呈现阶段（如图6—1所示）。

内容的 采集创意	内容的 制作集成	内容的 传输分发	内容的 运营分销	内容的 终端呈现
传统出版企业的 优势领域		通讯业的 优势领域	新兴领域	传统终端业的 优势领域

图6—1　内容产品出版流程的五阶段参考模型图[③]

内容产业的价值源头是内容，传统出版企业无疑是最大、最专门的内

①　数据来源：http：//www. linkwan. com/gb/rank/alexa/alexa ＿ search. aspx？ site ＝ wikipe-dia. com，采集日期2008 年6 月15 日。

②　数据来源：http：//www. alexa. com/siteinfo/wikipedia. org，采集日期2008 年6 月15 日。

③　陈晓鸥：《谈数字出版和新媒体的产业结构》，《中国传媒科技》2006 年第6 期。

容来源者之一，具有明显的内容优势。但是，目前传统出版企业进入内容产业仍然面临着很多问题，比较突出的问题是价值链断点、新产业技术平台缺失和终端呈现形式单一。

（一）价值链问题

由图6—1可知，传统出版企业介入内容产业的优势过度集中于内容源头一端，与内容价值最终实现端的距离较远。在整合价值链的过程中，传统出版企业整体上处于弱势地位。目前国内有些出版机构向电信行业转让数字版权，共同推出新媒体业务。这虽然是解决价值链断点问题的一个有益尝试，但是出版企业有可能因此面临诸多知识产权问题。

（二）新技术平台问题

数字内容产业的技术平台主要有两个，一个是内容生产平台，这是完成内容产品生产的技术平台；一个是数字媒体平台，这是完成内容产品传播和呈现的技术平台。如图6—2所示。对于这两个平台，我国存在轻前者、重后者的倾向。这与目前国内数字内容产品的生产规模较小有关。关于内容的传输分发和运营分销，有人认为应该在内容生产平台上完成，有人认为应该在数字媒体平台上完成。新技术平台的构建是一个复杂的工程。这种复杂性一方面反映了产业融合的特点，另一方面也反映出与新产业相对应的社会分工还没有最后形成。在政策不明和资金不足的情况下，我国传统出版企业到底选择哪个平台、与哪类技术企业合作，是必须认真考虑的战略性问题。

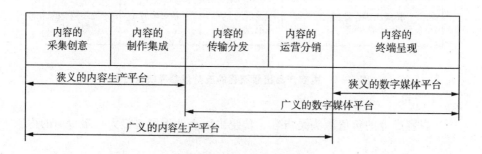

图6—2　内容产业的技术平台①

---

① 陈晓鸥：《谈数字出版和新媒体的产业结构》，《中国传媒科技》2006年第6期。

（三）终端呈现形式问题

传统出版业生产流程早已实现数字化、计算机化，只是最终的内容呈现还是传统的纸介质方式。针对这种情况，现在的主流观点集中于网站这种呈现形式，甚至认为网络媒体就是新媒体，这是一个极大的误区。数字内容产业的一大特点是内容终端呈现的多样化，即多媒体平台。可以为特定的内容呈现形式或内容运营模式开发特定的内容呈现终端。数字化并不是数字出版的终点，通过数字转型创造新媒体才是数字化的目的。

所以，出版企业如果经营数字出版业务，就需要调整内容、技术和营销渠道。

三　出版业务调整的措施

为了发展数字出版业务，出版企业可以从以下几个方面着手。

（一）定位于数字内容提供商

在价值链断点和纸媒介不景气的情况下，传统出版企业的定位应该从图书内容生产商转为知识内容提供商。"以数字化为基础，做专业的信息提供商"[1] 的战略定位有利于出版企业在数字技术环境中保持其市场价值。

由于出版物是内容产品，所以对出版企业而言实施数字内容管理意味着对非结构化的知识内容进行统一的数字化加工和整合。首先，是获取图书的数字版权；其次，是整合数字内容资源。

1. 获取数字版权

从出版流程的角度看，获取原创作品的数字版权是整合内容资源、进行跨媒体出版的基础。哈珀·柯林斯从 2001 年就开始把图书数字化并存档，从而实施与纸介质图书相匹配的数字出版项目。从产业链角度看，作为内容提供者，在进行文化创新时，特别重要的是"拥有自主知识产权"[2]。如西蒙·舒斯特不仅把已出版的畅销书进行数字化转换，还在与作者签订的出版合约中规定：出版社将拥有作品的数字版权或按需印

① 彭文波、赵晓芳：《国际出版商数字化"变脸"》，《出版人》2007 年第 13 期。

② 陈昕：《数字化、内容提供与文化创新——兼论当前中国出版集团发展的若干问题》，《中国编辑》2005 年第 4 期。

刷权。

2. 整合内容资源

随着数字技术和网络的发展，"内容为王"更深层的含义是谁对内容资源拥有更强大的集约整合能力，谁就拥有更大的市场控制力。整合内容资源是向数字内容提供商转型的关键。从时代华纳的 Ipublish.com 到蓝登书屋的数字出版社，从里德·爱思唯尔的专业数据库到施普林格的数字出版平台……国际出版商的成功转型表明了整合内容资源对数字出版具有十分重要的意义。

（二）积极发展跨媒介出版

在纸媒介不景气的情况下，出版企业可以与媒体、电信和信息技术等行业联合，探索数字新媒体业务。这意味着出版模式将由线性的单一介质出版向辐射状的跨媒体出版过渡（见图6—3）。出版企业应该针对不同的内容资源和用户需求，采用不同的出版模式。例如，商务印书馆将已有的出版资源分为现代出版资源和历史出版资源两大部分，不同的数字资源对应不同的出版形态：工具书对应工具书在线，一般图书对应电子书，期刊对应数字期刊方阵；对于历史出版资源，如解放前的15000多种珍贵出版物，则尝试按需印刷的出版方式，在商务按需出版网上接受订单，由合作方知识产权出版社按需印刷流水线完成。商务印书馆的跨媒体出版实践对我们具有很大的启发意义。

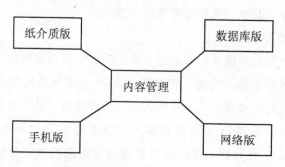

图6—3　以数字内容管理为核心的跨媒体出版模式

根据传统出版业本身的分类及其经济属性和运营特点，不同类别的出版物可以采取不同的出版模式。

1. 专业出版适合采用数据库出版模式

在载体方面，数据库的优点是集约度高、存贮寿命长、分销环节少、平台开放、收费低廉、检索快捷，这能极大地促进学术资源的传播。在价值链方面，专业出版企业能够通过数字技术逐步扩大自己的产品范围，提高内容资源的附加值，形成包括学术研究、信息采集、适时印刷、资源集成、网上服务、产权保护等在内的价值增值链条。国际出版商的实践表明，数据库出版将是数字时代的重要专业出版方式。如爱思唯尔、汤姆森、施普林格等学术出版集团都通过数据库建设完成了向数字出版的初步转型，形成了较好的赢利模式，这使它们能够继续在相关学术出版领域保持竞争优势。

2. 教育出版适合采用 E-learning 出版模式

E-learning 出版是一种服务型的网络出版方式。在教育出版领域，数字出版的着眼点是针对在线学习提供增值服务，以形成与传统教育出版互补的模式。三大国际教育出版集团（指培生教育集团、汤姆森学习出版集团、爱思唯尔集团）都在实施 E-learning 出版，提供全方位的在线学习服务。其中，培生集团的模式最典型。培生教育一方面不断扩大图书门类，另一方面通过多种数字化服务延伸价值链。它通过全球 2000 多家网站建立起世界一流的教育支持体系，包括 My Course Compass、My Lab、My Test 等，提供的在线学习资源包括网上资源库、网上交流平台、网上课程管理工具、网上教学网、在线教师指导、电子化考试认证等。这种市场策略对我国教育出版有很大启发。

3. 大众出版适合采用按需定制出版模式

与教育出版和专业出版相比，大众出版的产业链和价值链较短，内容终端呈现形式较多，所以要实现创新型大众出版物的市场扩散较为困难。有研究表明，创新产品被选择的或然率与创新产品所提供的价值大小相关，即当创新产品提供的价值结构使得目标人群以更少的付出获得更多报偿的情况下，创新产品的接受率才会提高。按需定制出版针对用户的特定需求提供特定内容，降低了用户付出的成本，增加了产品的使用价值，所以能提高新产品的市场扩散力。

（三）创新数字出版机制

新兴生产方式需要新型生产关系。在数字化转型过程中，传统出版业与数字技术企业的关系较为紧张。因数字版权问题,传统出版社和作者多次把"电子书四强"(即北大方正、书生公司、超星和中文在线)告上法庭。为了打破传统出版业的内容垄断局面,数字技术企业也充分运用Web2.0、BLOG、WIKI 等技术,鼓励用户积极创作内容资源,抢占传统出版"领地"。在数字出版过程中,要缓解紧张关系,实现机制创新,大致有以下两种方式。

1. 成立数字业务单元

传统出版企业可以通过自身出版业态的创新来解决技术平台问题。目前,我国部分先行的传统出版企业都不约而同地成立了独立运作的数字出版公司,如商务印书馆的商易华信息技术有限公司、中国标准出版社的北京标科网络技术有限公司、人民教育出版社的北京人教希望网络信息技术有限公司等。

2. 合作双赢

每当新技术革命爆发,传播活动经过与新技术的融合总会以一种新面貌出现。数字技术企业能为传统出版提供新概念和新业态,传统出版能为数字技术企业提供权威的、结构化的内容资源。从产品角度看,数字技术企业拥有技术优势、传播优势和成本优势,传统出版企业拥有经验优势、内容优势和品牌优势。网络技术在为读者提供网络阅读体验的同时,也在逐步建立人们对数字产品的消费习惯。从价值链角度看,数字技术的价值更多地体现在对平面媒体品牌价值的延伸上。通过品牌价值延伸,数字出版成为主流媒体整体品牌的一部分。例如,西蒙·舒斯特与美国的数字内容服务公司 Innodata Isogen 的合作就弥补了技术上的缺陷,而施普林格牵手Google 搜索更是一个合作双赢的典范。合作使先进的传统出版企业同样成为数字出版的市场主体,从而将传统出版的优势延续到数字出版时代。

四 案例:施普林格出版公司的内部业务调整

德国施普林格出版公司(Springer-Verlag)创建于 1842 年。1998 年,贝塔斯曼用 10 亿马克并购了施普林格,[①] 将其与自己的专业信息出版生产部合并,成立了贝塔斯曼施普林格出版集团。2002 年以后,在经历了

---

① 余敏:《出版集团研究》,中国书籍出版社 2001 年版,第 188 页。

更为频繁和更大规模的兼并之后，贝塔斯曼施普林格出版集团发展成为世界著名的国际专业出版公司，总价值达 7.31 亿欧元。[①] 2003 年 5 月，欧洲最大的两家私人投资公司 Candover 和 Cinven 在收购贝塔斯曼专业出版公司后，将其与原荷兰克鲁维尔学术出版公司（Kluwer Academic Publisher）合并为施普林格科技商业媒体公司（Springer Science + Business Media），[②] 并重新使用 Springer 这一标志性名称。2004 年春，该媒体公司正式运作，[③] 成为世界第二大 STM 出版商和德语国家最大的信息提供商。

施普林格的收入主要来自数字出版业务。早在 2004 年它在欧洲市场上的在线出版销售额就已经超过了印刷版。2006 年，它的总收入达到了 10 亿欧元，约 12 亿美元，比 2005 年增长 10.93%，其收入增长率仅次于 Hachette Livre（阿歇特），是 Reed Elsevier 的两倍，远远高于其他国际出版集团的年收入增长率（见表 5—1）。施普林格呈现良好的业务发展态势，得益于通过成功整合出版业务建立了以数据库为基础的成熟的专业化数字出版模式。

施普林格通过业务整合实现了两大目标：一是大规模的制作内容，这是数字出版的基础；二是大规模的使用内容，这是数字出版实现赢利的保证。具体的业务整合方式包括三种：一是获取资源优势，二是走专业化发展道路，三是创新商业模式。

（一）获取资源优势

数字出版公司最重要的资源是大规模的内容，所以，出版社必须围绕内容资源的创造、转化、更新和增值实施数字出版。首先，从资源禀赋理论的角度看，建立和维持一个数据库需要成千上万种优秀出版物和数字出版公司强大深厚的内容资源的支持。目前，在 SpringerLink2.0 上共有 360 万篇数字文献，来自 1800 多种期刊和 16500 万种图书。此外，通过 CrossRef 的国际性组织，施普林格的内容可以与 300 多家出版商和图书馆的内

①　Poynder, Richard：BertelsmannSpringer is sold to private equity firms. http//www. infotoday. com/newsbreaks/nb030527-1. shtml（采集日期 2005 年 10 月 12 日）。

②　Book Fair：Springer and KAP appear at Frankfurt Book fair for the first time under their joint name. http：//www. springer-sbm. de/indez. php? id = 291 &backPID ＝ 132&L ＝ O&tx-tnc-news ＝ 1377.（采集日期 2005 年 10 月 12 日）。

③　Merger of Springer Science + Business Media and Kluwer Academic Publishers to begin spring 2004. http：//www. Library. yale. edu/（采集日期 2005 年 9 月 17 日）。

容互连。其次，从品牌效应的角度看，出版社只有在细分出版领域拥有优势资源、具有极高的知名度时，才能吸引客户，使数字出版成为新的利润增长点。150多年以来，施普林格一直在医学、生命科学等科技出版领域享有世界盛誉。

1. 积累高质量的内容资源

从内容和形式的辩证关系看，虽然数字产品的形式是不断变化的，但是数字出版的本质仍然是数字化的内容资源。20世纪以来，科技信息交流形式和交流载体不断变化，施普林格也经历了从德语出版到英语出版、从纸质出版到基于网络的数据库出版的发展过程。但是，作为服务科技与传播科技的专业出版公司，它一直与最新科技保持同步甚至超越科技的发展，这才能使其数字产品具有竞争力和生命力。

2. 利用先进技术整合内容资源

互联网时代是一个"结构为王"的出版时代，即谁对内容资源拥有更强的集约整合能力，谁就拥有更大的市场控制力。整合内容资源需要综合运用多种新技术进行内容生产管理、建立结构化的数据库和保护内容版权。内容生产管理要能为数字产品提供从原创、编辑加工到制作、传播的一体化服务；内容集成要以数据知识元为单位建立链接，创建结构化的内容资源数据库；版权保护不仅要保护作者权益，而且要方便读者使用。施普林格就是通过自己建立内容管理平台的方式实现了内容资源的结构化。在数字内容生产管理方面，施普林格的内容生产管理系统（SpAce）平台基于OnlineFirstTM的生产流程，是一条完整的数字出版链；在数字内容集成管理方面，SpringerLink2.0数字平台实现了图书和期刊资源的无缝集成和内容互连（Intertwine）；在数字内容版权管理方面，施普林格使用DRM（数字版权管理系统），通过保护进入的方式保护平台上数字出版物的网络版权。

（二）走专业化发展道路

数字出版有非常明确的专业分工，大多集中在法律、医学、金融、科技、商业管理等领域，为这些领域的高端用户和研究者提供全面、及时的专业信息。这就意味着，只有在法律、医学、金融、科技、商业管理等领域有实力的出版社，才有可能在目前的数字出版中表现突出。施普林格是世界上历史最悠久的科学出版社，150多年以来一直致力于STM出版，走专业化出版道路。它即使是向数字出版转型，也立足于科技出版领域，通过内涵式发展方式和外延式扩张方式保持世界领先的专业出版地位。

表6—6　　　　　　　SpringerLink **收录文献学科分布**①

学　科	SpringerLink 收录文献		
	数量（篇）	占全部收录文献的百分比	排序
1. 建筑和设计	1262	0.03	13
2. 行为科学	61156	1.68	11
3. 生物医学和生命科学	796462	21.85	1
4. 商业和经济	98037	2.69	10
5. 化学和材料化学	516220	14.16	3
6. 计算机科学	287146	7.88	5
7. 地球和环境科学	173257	4.75	7
8. 工程学	158803	4.36	9
9. 人文、社科和法律	171735	4.71	8
10. 数学和统计学	258260	7.09	6
11. 医学	683805	18.76	2
12. 物理和天文学	433451	11.89	4
13. 专业电脑、万维网应用与设计	5358	0.15	12
总计	3644952	100	

从表6—6可以看出施普林格数字出版的专业化特色。第一，收录的文献虽然学科分布面较广，覆盖了理、工、农、文、医、商等，但是重点是医学类和生命科学类，两类合计占全部收录文献的40.61%。第二，理工类文献的收录比率较高，文科类文献的收录比率极低。如人文、社科、法律、商业、经济五类学科的总收录比率仅7.30%，低于计算机科学类文献的收录比率。

（三）创新商业模式

商业模式的本质是赢利模式，外在思考涉及"需求—服务"的商业博弈，内在思考涉及"成本—价格—收益"的经济模型。专业数字出版

---

①　数据来源：http://springerlink.lib.tsinghua.edu.cn/home/main.mpx，2008年3月21日。

供给模式中尝试的"大规模定制"更加激发了出版业对"成本—价格—收益"模型的反思与变革。传统出版企业的商业模式大致一样。但是，施普林格数字出版的实践告诉我们，在数字出版时代，由于传播载体的变化和出版技术手段的改进，出版主体要根据客户的不同需求在出版环节和营销环节采用不同的商业模式。

1. 出版环节

施普林格为作者提供多种可供选择的出版模式。其中，值得我们借鉴的是作者付费的在线优先出版模式（OnlineFirst Publishing）、开放存取出版模式（Open Access Publishing）和用户付费的按需定制出版模式。

（1）在线优先出版模式。在线优先出版实现了网络出版早于纸介质出版，使科技论文能在第一时间发表。为了应对竞争，尽量缩短出版周期，施普林格采用在线优先出版的流程。① 在线优先出版等同于正式出版，也要经过同行评议。

（2）开放存取出版模式。施普林格是商业出版界中第一个认可并支持这种商业模式的出版企业。2004 年 7 月，施普林格创建并实施了"开放选择"（Springer Open Choice）的商业出版模式。Springer Open Choice 是对 Open Access 出版理念的进一步发展，从一开始就受到世界出版界的关注。② 文章在经过严格的专家评议后，作者在施普林格的"开放选择"套餐中宣布该文献开放共享，并支付 3000 美元。"开放存取"并不意味着"免费获取"，施普林格拥有其开放存取出版物的完整版权，只允许作者将发表的文章放在公司指定的数据库中供用户获取。③

（3）按需定制出版模式。在这种模式下，所有的内容都是以电子版形式出版，也可以把指定内容"打包"出版。因为数字文献的出版环境不同于印刷版文献，所以在推向市场时可以灵活安排内容的"打包"方式，如以篇数为基础（article-based）"打包"。

---

① 王莉萍：《中国科技期刊也要赢利：专访施普林格全球出版总裁 Ruediger Gebauer》，2009 年 1 月 27 日，中国图书对外推广网（http：//www. cbi. gov. cn/cn/info/infodetail. jsp？ID = 884）。

② Springer launches its Open Choice Program. http：//www. springeronline. com/sgw/cda/front-page10，10735，1-40359-0-0-0，00. html（采集日期 2005 年 9 月 22 日）。

③ Velterop and Jan：Open Access and the Transformation of Science —— The Time is ripe，《图书情报工作》2005 年第 12 期，第 26—28 页。

2. 营销环节

营销是为了使社会发展中的创新成果被人们知晓并在社会系统中推广。这个问题也是传播学创新扩散研究的主要内容。传播学学者罗杰斯在"扩散理论"中提出了一项创新被采用率高低的五个创新特征：相对的便利性、兼容性、复杂性、可靠性、可感知性。① 从扩散理论的角度看，施普林格的国际化合作、广告经营和网络拉动等营销方式取得了良好效果，实现了数字出版的商业价值。施普林格传播科技知识的营销方式值得我们学习。

（1）国际化合作。国际化合作能使数字产品更好地满足当地需求，提高产品的获取便利性、兼容性。随着我国"走出去"出版战略的逐步实施，出口贸易将会在出版社总收入中占据越来越大的比例，因此，出版社有必要与国外出版商开展国际合作。施普林格是一家全球出版商，出版业务遍及世界各地，国外的 70 多所分社遍及全球 20 多个国家。施普林格的出口贸易占其总收入的 60%，在其拥有的 1400 多种期刊中，约 25% 的销售是以合作的方式在世界各大国进行。② 合作模式一般是：合作伙伴在该国国内进行内容的组织、编辑、加工和出版；施普林格提供项目评估、技术支持、编辑培训等服务，协助合作伙伴按照国际标准组织和生产高质量的学术出版物；最终产品由合作伙伴负责在该国国内的发行，由施普林格负责全球范围的发行，并以数字形式在 SpringerLink 上供全球用户使用。我国与施普林格共建的"中国科技图书馆"的合作模式是：第一，版权归我国出版社或期刊编辑部所有；第二，编辑出版工作由我国出版社或期刊编辑部完成；第三，施普林格提供技术支持和全球营销服务；第四，数字产品按国际定价水平在全球范围内销售，收入由施普林格和中国出版社或期刊编辑部按照平等互利的原则分享。

（2）广告经营。广告经营能使目标用户更了解新产品，降低使用新产品的复杂性，还有利于建立出版品牌，增强产品的可靠性。施普林格有一个庞大的广告部门，负责所有图书和期刊的广告工作，并按专业进行相

---

① 参见 Everett M. Rogers, *Communication Technology*: *The New Media in Society*, New York: Free Press, 1986。

② 彭澎：《施普林格：平衡中国市场的两个角色》，《中国图书商报·刊之刊·国际》2005年8月5日第2版。

应的分工。2007 年，施普林格又收购了四家在线广告公司，设立了一个拥有 200 名员工的网络部门，以加强在数字出版领域的营销能力。

（3）网络拉动。在数字出版时代，出版者要让目标用户可以从众多产品中找到所需内容并体验到本社创新产品的优势，所以"可感知"成为数字出版的竞争关键。施普林格充分利用网络提高数字产品的可感知性。首先，在功能强大的搜索引擎出现的时代，施普林格积极与搜索引擎公司建立技术合作关系，通过搜索引擎把终端读者拉到施普林格的出版平台上。这种营销策略目的性强，效果很好，也不会大量占用或者浪费营销资源。自 2006 年 10 月 SpringerLink 2.0 与 Google 合作以来，Google 已成为 SpringerLink2.0 最大的访问者来源。2006 年 SpringerLink 2.0 平台的全文下载量比 2004 年增长 300%，而 2007 年第一季度全文下载量已经与 2006 年全年持平。其次，施普林格采用授权使用的方式让读者使用数字出版物。施普林格数字图书的商业模式与数字期刊最大的差异在于不限制拥有权和使用人数。对于期刊，读者只拥有期刊的使用权，并不拥有期刊本身。对于图书，施普林格授予用户（多为图书馆）数字图书的所有权，一次性付费即可终身使用并永久保存所购买的数字内容。另外，施普林格不限制使用人数，允许多人同时使用一本书。这种商业模式有利于提高用户使用量，而使用量的上升可以改变施普林格单纸本发行的状况。

结　语

出版企业资本运营这一研究选题，是根据目前我国出版业的实践特点和完善出版理论的需要提出的，不仅对于促进出版业发展具有重要的现实意义，而且对于完善出版学学科体系具有重要的理论意义。

一　对于促进出版业发展具有现实意义

目前，越来越多的出版企业正在朝着产权多元化和建立现代企业制度的方向发展，努力实现与社会资本的逐步融合。但是，我国出版企业的资本运营体系和机制存在一系列问题。在宏观体制方面，存在意识形态的束缚、计划体制的弊病、政府管制的壁垒等问题；在市场环境方面，存在市场规模的限制、股权流动的限制、市场结构的失衡、监管效率的低下等问题；在企业微观治理结构方面，存在产权不清、资本结构失衡、公司治理结构不完善等问题。通过资本运营扩张规模、整合资源，是我国出版业进一步发展的必由之路。开展资本运营具有现实的必要性。这不仅是出版企业自身发展的需要，也是应对国际传媒资本竞争的需要，还是优化出版资源配置的需要。

（一）是出版企业自身发展的需要

经过多年的建设和发展，我国出版企业尤其是出版集团虽然已经积累了一定规模的资本，但是资产结构不合理，优质的经营性资产较少，大部分资产的运作效率不高，需要通过资本运营盘活这些不良资产。

（1）通过重组、兼并、联合等方式能够将出版企业创造利润的主营业务资本同非主营业务的资本有效结合起来，从整体上提高出版资本运营效率。如山东德州新华出版发行集团总公司在选定了夏津造纸厂改建重组项目后，采用联合投资、股份合作的资本运营方式与中国少儿出版社、夏津县政府共同组建了中德夏津造纸有限公司，年创利润 300—400 万元。①

（2）通过股票上市、溢价发行等方式，不但能够募集大量资金，而且能使集团的资产迅速增值。例如，2006 年 10 月，上海新华传媒股份有限公司成功上市，根据《上海新华传媒股份有限公司 2008 年半年度报告》，该公司 2008 年上半年实现营业收入 124046.12 万元、营业利润 8848.55 万元、净利润 105.08 万元，② 与上年同期相比，营业收入、营业利润和净利润分别增加 67.98%、223.67% 和 260.66%。

（3）通过无形资产证券化的方式能够把出版传媒企业重要的无形资产变为有形的资本。例如，美国在线—时代华纳旗下的华纳兄弟电影公司出品的电影《哈利·波特》就带动了一系列"哈利·波特"品牌产品的热销，为公司创造了巨大的效益。前 4 部《哈利·波特》在全球用 55 种语言销售了 2 亿册，《哈利·波特与凤凰令》一书的总印数达到 930 万册，根据第一部和第二部《哈利·波特》改编的电影在全球共获得 18 亿美元的票房收入。它的"魔法"甚至影响到纳斯达克股票证券市场，公司的股票在《哈利·波特》出版后略有上扬，上涨了 1.54%，即 54 美分，在纳斯达克达到了 35.58 美元。华纳公司在证券市场上的资本运营取得了很大成绩。这就是典型的"资源资产化、资产证券化"的资本运营方式。

（二）是应对国际传媒资本竞争的需要

中国加入世贸组织以来，WTO 的各项协定已经对出版业产生了直接或间接的各种影响。

（1）与外资竞争需要具备一定的资本实力。外资虽然现在只获准参与国内出版业的一些边缘业务，但是有一个不容忽视的发展趋势，即利用资本优势在出版产业链的下游影响上游并迂回进入核心业务。如果与国外大型出版企业展开激烈竞争，无论在经营规模上还是在专业化程度上，我国出版企业都处于劣势。这无疑会降低我国出版企业抵抗外资竞争的能力。

---

① 罗紫初：《出版业资本运营中的若干问题》，《出版发行研究》2002 年第 12 期。
② 上海新华传媒股份有限公司 2008 年半年度报告，2008 年 9 月 2 日，腾讯财经网（http：//stock.finance.qq.com/sstock/ggzw/600825_ 9942500430.shtml？405183）。

（2）实施"走出去"战略需要雄厚的资本支持。从表面看，出版企业似乎不缺少资金，但是，如果允许出版企业在国内外进行兼并、重组，则资金远远不足。所以，我国出版业要在短时间内做大做强，可行的途径之一就是通过资本运营不断增强核心竞争力。

（3）是优化出版资源配置的需要。长期以来，在计划经济体制的传统管理模式下，我国出版业存在严重的条块分割和区域限制。出版资本分属于不同的地域、部门和单位，而各地区的具体政策和利益要求又不相同，因此，为了维护自身利益，主管部门常常限制出版企业跨地区、跨部门经营，从而阻碍了资本的自由流动。另外，出版企业也缺乏生存观念和竞争意识，不重视资本的运营，更不会主动推进资本的整合。这导致出版资源不能合理流动，出版产业发展缓慢。为了挖掘和释放出版资源的潜力和能量，必须加快出版资本的流动，优化出版产业结构，提高资本运营效率。

二　对于完善出版学学科体系具有理论意义

出版企业资本运营问题和与之相关的出版经济问题不仅受到出版经营者的关注，而且也是学者的一个重要研究课题。我国部分出版学研究者认为，"资本是出版物生产活动的极为关键的构成要素"[①]，而出版物生产活动兼具经济属性和文化属性，所以，出版企业资本运营研究不仅具有经济学意义，而且具有文化学、社会学、传播学意义，应该受到出版行业和学术界的充分关注和深入研究。

出版企业资本运营属于出版经济学的研究范畴。就出版学学科发展与理论建设而言，较为成熟的出版经济学理论体系尚未形成，相关的理论研究多停留在出版经济学学科体系设想和基本范畴讨论的阶段。目前，在我国的出版经济学研究中，出版资本研究更是一个薄弱环节。与出版产品供求研究、出版物营销研究、出版产业竞争力研究等其他出版经济学研究课题相比，出版资本研究已经落后。针对这一研究空白，本书沿用现代经济学理论中"基本条件—结构—行为—绩效"的分析范式研究出版企业资本运营问题。

---

① 　罗紫初、吴赟、王秋林：《出版学基础》，山西人民出版社 2005 年版，第 89 页。

首先，由于出版企业的性质决定了出版业结构特点和出版企业所选择的资本运营方式，进而决定了出版企业的资本运营绩效，所以，本书首先从出版企业性质入手，探讨出版企业的经营性和文化性，其中，文化性是其本质属性，这决定了其运营的本质属性也是文化性。

其次，从资本市场结构、资本运营行为和资本运营绩效等三方面比较中外出版企业资本运营的异同，发现我国出版企业资本运营存在的问题，寻找提高出版企业资本运营绩效的路径。

最后，着重研究了出版企业上市、并购、资产整合等三种主要的资本运营形式。选取这三种形式作为研究重点的原因在于它们在资本运动过程中具有极其重要的地位，也适合被我国出版企业所采用。从资本运动过程看，企业资本运营的主要内容包括融资、投资和资本增值等三个方面。由融资理论可知，融资的主要形式有股权融资和债权融资。由于我国的特殊国情，我国企业偏好股权融资，出版企业也不例外。上市作为一种重要的股权融资方式，将会被越来越多的出版企业采用。投资的主要形式有实业投资、金融投资和产权投资。其中，产权投资是较高形式的资本运营方式，尤其是并购，将是企业实现外延式扩张的重要方式。资本增值是优化资产配置的结果，需要经营者盘活存量资产，所以，有效的资产整合是实现资本增值的关键环节。本书从我国的具体国情出发，着重研究了我国出版企业的上市问题，借鉴国外的成功经验探讨了出版企业应该如何进行并购，最后从产权理论角度分析了如何在并购后有效整合企业资本、优化治理结构和调整出版业务。

参考文献

一 外文文献

1. Albarran and Alan B. , *Media Economics: Understanding Markets, Industries and Concepts*, Ames: Iowa State University Press, 1996.

2. Everett M. Rogers, *Communication Technology: The New Media in Society*, New York: Free Press, 1986.

3. Garnham and Nicholas, *Capitalism and Communication: Global Culture and Information Economics*, London: Sage Publications, 1990.

4. J. W. Cortada, *Publishing Intellectural Capital: Getting Your Business into Print*, New Jersey: Prentice Hall, Inc, 1999.

5. James A and Yunker, *Capital Management Effort: Theory and Applications*, Burlington, VT: Ashgate, 2003.

6. McLuhan and Marshall, *Understanding Media: The Extension of Man*, New York: McGraw Hill, 1964.

7. Picard and Robert G . , *The Economics and Financing of Media Companies*, New York: Fordham University Press, 2002.

8. Robert S. Lazich, *By the Numbers Publishers: A Statistical Guide to the Publishing Industry*, Detroit: Gale, 1998.

9. Robert E. Baensch, *The Publishing Industry in China*, New Brunswick. N. J. : Transaction Publishers, 2003.

10. W. Allan and P. Curwen, *Competition and Choice in the Publishing Industry*, London: Institute of Economic Affairs, 1991.

11. Williamson O. E. , *Markets and Hierarchies: Analysis and Antitrust Im-*

plications, New York: Free Press, 1975.

12. Machlup, F. , *The Production and Distribution of Knowledge in the U-nited States*, New Jersey: Princeton Universtity Press, 1962.

13. JE Fountain and RD, Atkinson: Innovation, Social Capital and the New Economy, Progressive Policy Institute, 1998.

14. Goetze and Heinz, *Springer-Verlag: History of a Scientific Publishing House*, *Part 2 . 1946 – 1992: Rebuilding*, *Opening Frontiers and Securing the Future*, Berlin Heideberg: Spring-Verlag, 1996.

15. Sarkowski and Heinz: *Springer-Verlag: History of a Scientific Publishing House*, *Part 1. 1842 – 1945: Foundation*, *Maturation*, *Adversity*, Berlin Heidelberg: Sringer-Verlag, 1996.

16. Aghion and Philippc and Patrick Bolton, "An Incomplete Contract Approach to Financial Contracting", *Review of Economic Studies*, Vol. 59, 1992 .

17. Adams and Peter W. , "Faces in the Mirror: Five Decades of Research and Comment on the Book Trade 1931 – 2001", *Publishing Research Quarterly*, Vol. 17, No. 1, 2001.

18. Aloke Ghosh and William Ruland, "Managerial Ownership, the Method of Payment for Acquisitions, and Executive Job Retention", *The Journal of Finance*, Vol. 2, 1998.

19. Christopher Burns, "Publishers and Technology: Face to Face", *Publishing Research Quarterly*, Vol. 3, 1997.

20. Coase and R. H. , "The Nature of the Firm", *Economics*, Vol. 4, 1937.

21. Dorothy Kalins, "Why Do We Do What We Do: The Privileges and Responsibilities of Publishing", *Publishing Research Quarterly*, Vol. 4, 2005.

22. Klein Benjamin and Crawford Robert and Alchian Armen, "Vertical Integration, Appropriable Rents, and the Competitive Contracting Process", *Journal of Law and Economics*, Vol. 21, 1978.

23. Meredith Nelson, "The Blog Phenomenon and the Book Publishing Industry", *Publishing Research Quarterly*, Vol. 2, 2006.

24. Tang Xiaoyan, "Ten-Year Survey of China's Book Industry", *Publish-*

ing Research Quarterly, Vol. 2, 2006.

25. Williamson and O. E. , "Transaction Cost Economics: The Govenance of Contractual Relations", *Journal of Law and Economics*, Vol. 22, 1979.

26. Williamson and Oliver, "Corporate Finance and Corporate Governance", *Journal of Finance*, Vol. 43, 1988.

27. Xinhua Bookshop, "Xinhua Publishing Group to Build Domestic Books Chain System", *SinCast China Business Daily News*, Vol. 10, 2004.

28. Book Fair: Springer and KAP appear at Frankfurt Book fair for the first time under their joint name. http://www. springer-sbm. de/indez. php? id = 291. &backPID = 132&L = O&tx-tnc-news = 1377. (采集时间 2005 年 10 月 12 日)。

29. Merger of Springer Science + Business Media and Kluwer Academic Publishers to begin spring 2004. http://www. Library. yale. edu/ (采集时间 2005 年 9 月 17 日)。

30. Poynder and Richard: BertelsmannSpringer is sold to private equity firms. http//www. infotoday. com/newsbreaks/nb030527-1. shtml (采集时间 2005 年 10 月 12 日)。

31. Springer launches its Open Choice Program. http://www. springeronline. com/sgw/cda/frontpage10, 10735, 1 - 40359 - 0 - 0 - 0, 00. html (采集时间 2005 年 9 月 22 日)。

32. 2007 Market Survey: Prospects for Media Mergers and Acquisitions. Ad-Media Partners Investment Bankers. http://www. damediapartners. com (采集时间 2007 年 10 月 22 日)。

33. http://www. springer. com/? SGWID = 5 - 102 - 0 - 0 - 0

34. http://springerlink. lib. tsinghua. edu. cn/home/main. mpx

35. http://www. dw-world. de/chinese

36. http://www. timewarner. com

37. http://www. nasdaq. com

38. http://www. londonstockexchange. com

39. http://www. www. nyse. com

二 中文文献

1. ［英］马尔萨斯：《政治经济学》，商务印书馆 1962 年版。

2. ［德］马克思：《资本论》，人民出版社 1975 年版。

3. ［英］马歇尔：《经济学原理》上卷，商务印书馆 1964 年版。

4. ［美］西奥多·舒尔茨：《人力资本投资》，商务印书馆 1990 年版。

5. ［美］罗杰·菲德勒：《媒介形态变化：认识新媒介》，华夏出版社 2000 年版。

6. ［美］保罗·萨缪尔森、威廉·诺德豪斯：《微观经济学》第十七版，萧琛译，人民邮电出版社 2004 年版。

7. 臧旭恒、许向艺、杨蕙馨主编：《产业经济学》，经济科学出版社 2005 年版。

8. 耿法、刘金华：《〈中华人民共和国公司法〉解读》，中国海关出版社 2005 年版。

9. 顾培亮：《系统分析与协调》，天津大学出版社 1998 年版。

10. 郭元晞：《资本经营》，西南财经大学出版社 1997 年版。

11. 慕刘伟：《资本运作》，西南财经大学出版社 2005 年版。

12. 王先庆：《现代资本经营》，经济管理出版社 2006 年版。

13. 夏乐书：《资本运营：理论与实务》，东北财经大学出版社 2001 年版。

14. 石兆文：《现代产业资本运营》，中国经济出版社 2001 年版。

15. 文宗瑜：《企业战略与资本运营》，经济科学出版社 2007 年版。

16. 杨亚达、王明虎：《资本结构优化与资本运营》，东北财经大学出版社 2001 年版。

17. 赵炳贤：《资本运营论》，企业管理出版社 1997 年版。

18. 张海涛：《知识型企业并购的风险管理》，上海社会科学院出版社 2007 年版。

19. 杨运杰、谢瑞巧：《知识型企业资本结构研究》，中国经济出版社 2006 年版。

20. 赵小兵、周长才、魏新：《中国媒体投资：理论与案例》，复旦大学出版社 2004 年版。

21. 王淑萍主编：《财务报告分析》修订版，清华大学出版社 2007 年版。

22. 常永新：《传媒集团公司治理》，中国传媒大学出版社 2006 年版。

23. 唐润华：《解密国际传媒集团》，南方日报出版社 2003 年版。

24. 张玉国：《国家利益与文化政策》，广东人民出版社 2005 年版。

25. 李怀亮：《国际文化贸易概论》，高等教育出版社 2006 年版。

26. 罗紫初、吴赟、王秋林：《出版学基础》，山西人民出版社 2005 年版。

27. 罗紫初：《比较出版学》，武汉大学出版社 2006 年版。

28. 罗紫初、刘锦宏、代杨：《网络科技文献出版、利用与评价》，武汉大学出版社 2008 年版。

29. 陈昕：《中国图书出版产业增长方式转变研究》，广西师范大学出版社 2008 年版。

30. 杨贵山：《海外版权贸易指南》，中国水利水电出版社 2005 年版。

31. 陆本瑞：《外国出版概况》，辽宁教育出版社 1996 年版。

32. 孙宝寅、崔保国：《准市场机制运营——中国的出版集团发展与现状》，清华大学出版社 2007 年版。

33. 谢新洲：《数字出版技术》，北京大学出版社 2002 年版。

34. 赵子忠：《内容产业论》，中国传媒大学出版社 2005 年版。

35. 谢耘耕：《传媒资本运营》，复旦大学出版社 2006 年版。

36. 严三九：《中国传媒资本运营研究》，上海文化出版社 2007 年版。

37. 徐建华、谭华苓、陈伟：《现代出版业资本运营》，中国传媒大学出版社 2006 年版。

38. 杨贵山：《海外书业经营案例》，中国水利水电出版社 2005 年版。

39. 尹章池：《中国出版体制改革研究》，湖北人民出版社 2006 年版。

40. 余敏：《出版集团研究》，中国书籍出版社 2001 年版。

41. 周蔚华：《出版产业研究》，中国人民大学出版社 2005 年版。

42. 朱静雯：《中国出版企业集团发展研究》，辽宁人民出版社 2005 年版。

43. ［美］R. 科斯、A. 阿尔钦、D. 诺斯：《财产权利与制度变迁——

产权学派与新制度学派译文集》，上海人民出版社 1994 年版。

44. 陈明森、林述舜：《中国资本运营问题报告》，中国发展出版社 2003 年版。

45. 郝振省主编：《2004—2005 中国出版业发展报告：中国出版蓝皮书》，中国书籍出版社 2005 年版。

46. 余敏主编：《2003—2004 国际出版业状况及预测：国际出版蓝皮书》，中国书籍出版社 2004 年版。

47. 杨慧：《中国文化输出欧洲市场的思考》，载陈忱主编：《中国民族文化产业的现状与未来：走出去战略》，国际文化出版社 2006 年版，第 79—84 页。

48. 陈昕：《数字化、内容提供与文化创新——兼论当前中国出版集团发展的若干问题》，《中国编辑》2005 年第 4 期。

49. 陈昕：《中国出版业集团化建设的探索与实践》，《编辑之友》2008 年第 6 期。

50. 曹武亦：《与狼共舞——国有出版资源与民间资本的双赢策略》，《出版广角》2004 年第 11 期。

51. 代杨、刘锦宏：《文化创意产业推动英国转型》，《经济导刊》2007 年第 11 期。

52. 代杨、俞欣：《施普林格：从传统出版向数字出版跨越的策略分析》，《出版发行研究》2008 年第 10 期。

53. 代杨：《"泛文化"出版如何才能长盛不衰》，《编辑之友》2007 年第 4 期。

54. 代杨：《出版策划 策划什么》，《编辑之友》2005 年第 2 期。

55. 代杨：《新技术环境下出版企业的数字转型》，《出版科学》2008 年第 5 期。

56. 彭海文、代杨：《金融危机背景下的中国出版"走出去"》，《出版科学》2009 年第 4 期。

57. 严奉强：《传统文化类图书选题优化的本土观》，《出版发行研究》2006 年第 11 期。

58. 曹维劲：《重视与规划大众读物出版》，《编辑学刊》2004 年第 1 期。

59. 李朋义：《国际出版合作：地球村时代正在到来》，《中国出版》2008 年第 9 期。

60. 洪九来、陈红进：《简论中国出版业在图书"走出去"战略中的目标取向》，《中国出版》2008 年第 3 期。

61. 邓寒峰：《出版产业与资本运营刍议》，《甘肃省经济管理干部学院学报》2002 年第 3 期。

62. 邓向阳：《新闻出版企业 IPO 后的风险及防范措施》，《出版发行研究》2008 第 4 期。

63. 窦为恒、张采平：《对河北省出版集团资本运营状况的思考》，《河北经贸大学学报》（综合版）2006 年第 2 期。

64. 高辉：《出版业改革缺乏资本冲动?》，《资本市场》2005 年第 6 期。

65. 顾林凡：《沪港出版合作的潜力与资本融合》，《编辑学刊》2002 年第 6 期。

66. 哈九如：《做大资本平台 实现跨越发展——上海新华传媒股份有限公司的运作实践》，《出版发行研究》2008 年第 6 期。

67. 贺剑锋：《我国出版业资本运营的必要性及其模式选择》，《中国出版》2002 年第 3 期。

68. 洪联英、罗能生：《知识型企业提高治理效率的战略选择——基于人力资本产权视角的分析》，《现代经济探讨》2006 年第 9 期。

69. 侯玉棋：《试析出版集团国资经营的风险及防范》，《出版发行研究》2007 年第 7 期。

70. 黄晓燕：《中外出版业资本运作比较》，《新闻出版交流》2003 年第 1 期。

71. 李冬梅：《当今世界著名出版集团资本运营实证探析》，《科技与出版》2008 年第 9 期。

72. 李华：《从辽宁出版传媒上市谈出版业的资本运营》，《科技与出版》2008 年第 2 期。

73. 李苓：《从系统论看出版产业的系统性特征》，《编辑之友》2004 年第 5 期。

74. 李晓冰：《出版集团的资本运作与财务管理》，《出版广角》2003

年第 12 期。

75. 李旭茂:《出版资本运营要点——出版资本运营若干问题之三》,《出版经济》2001 年第 8 期。

76. 李旭茂:《资本运营与出版结构调整——出版资本运营若干问题之四》,《出版经济》2001 年第 9 期。

77. 刘超:《现阶段资本市场对我国出版业的影响》,《编辑之友》2008 年第 2 期。

78. 刘亚茹、杨志远:《上市公司购并分析及其防范》,《中国注册会计师》2006 年第 10 期。

79. 柳斌杰:《用数字化带动我国出版业的现代化》,《出版发行研究》2006 年第 11 期。

80. 罗紫初:《出版业资本营运中的若干问题》,《出版发行研究》2002 年第 12 期。

81. 潘文年:《出版企业要提高资本运行的效率》,《出版发行研究》2005 年第 2 期。

82. 宋城:《中国出版业的无形资产辨析》,《中国出版》1997 年第 12 期。

83. 谭作武:《对完善国有书店法人治理结构的思考》,《出版发行研究》2005 年第 1 期。

84. 汤谷良、龙丽、林常青:《美国在线与时代华纳合并的财务思考》,《财务与会计》2000 年第 9 期。

85. 王关义、孙海宁:《出版集团上市面临的内生矛盾探析》,《出版发行研究》2007 年第 8 期。

86. 王宏波、朱亚:《我国出版资本现状与特点》,《出版参考》2002 年第 13 期。

87. 王积龙:《学术出版商 SAGE 公司并购 CQ 之原因探析》,《出版参考》2008 年第 13 期。

88. 王建辉:《出版集团的成长历程》,《编辑之友》2008 年第 6 期。

89. 王建辉:《国有出版与非公经济的资本合作》,《出版发行研究》2008 年第 5 期。

90. 王雅:《强强联姻为何不结果——美国在线—时代华纳合并失败

分析》,《企业文化》2004 年第 3 期。

91. 魏彬:《中国出版业上市公司治理结构探析》,《编辑之友》2008 年第 2 期。

92. 伍传平、张春瑾:《新闻出版业资本运作及其效应分析》,《出版发行研究》2003 年第 3 期。

93. 夏建英:《我国上市公司融资偏好及原因分析》,《西南金融》2006 年第 4 期。

94. 徐曙初:《出版业资本营运应注意的几个误区》,《出版经济》2002 年第 5 期。

95. 严丽华:《我国出版企业上市融资瓶颈及突破对策》,《出版科学》2008 年第 3 期。

96. 阳松谷:《中国出版集团如何进行资本运作》,《国际融资》2006 年第 12 期。

97. 杨红卫:《出版业国有资本控制力研究》,《出版发行研究》2004 年第 4 期。

98. 杨晋、郝捷:《辩证地看待出版发行集团上市热》,《出版发行研究》2008 年第 1 期。

99. 杨荣:《德国传媒巨头科尔西为何败走麦城——兼谈我国出版业的资本营运》,《出版发行研究》2003 年第 3 期。

100. 易维:《出版集团的图书经营和资本营运探析》,《湖南商学院学报》2004 年第 11 期。

101. 尹轶宁、陈忠:《新闻出版业融资风险分析与防范》,《中国出版》2007 年第 6 期。

102. 曾庆宾:《论中国出版企业的法人治理结构创新》,《编辑之友》2004 年第 2 期。

103. 张成行、吴军:《对国有发行企业资本运作价值取向的战略思考》,《中国出版》2008 年第 1 期。

104. 张立:《关注传统出版向数字出版的转型》,《出版发行研究》2006 年第 10 期。

105. 张其友:《出版企业核心竞争力辨析》,《大学出版》2006 年第 4 期。

106. 张其友：《我国出版企业资本经营方式的探讨》，《出版经济》2000 年第 4 期。

107. 张先立：《出版资本运营论》，《出版科学》2000 年第 1 期。

108. 周君：《中国传播与文化产业上市公司融资结构及资本结构特征研究》，《湘潮》2005 年第 5 期。

109. 郑庆贤：《中国出版业从"股市热"中可以悟出什么?》，《出版发行研究》2007 年第 8 期。

110. 周蔚华：《我国出版业的改革：回顾、经验和当前的重点》，《中国出版》2003 年第 4 期。

111. 朱静雯：《中国出版集团股权制度研究》，《出版发行研究》2001 年第 6 期。

112. 朱亚、王宏波：《模式与案例：出版业如何进行资本运作》，《出版参考》2002 年第 15 期。

113. 邹慊：《论出版业的资本运营》，《中国出版》1998 年第 3 期。

114. 艾立民：《中国书业改革不能回避深层矛盾》，《中国图书商报》1998 年 3 月 20 日第 4 版。

115. 方菲：《出版第一股的示范效应——专访辽宁出版传媒股份有限公司董事长任慧英》，《中国图书商报》2007 年 12 月 7 日第 1 版。

116. 李亚馨：《辽宁出版传媒正式开始 IPO 路演》，《第一财经日报》2007 年 12 月 7 日第 C3 版。

117. 卢仁龙：《中国出版产业与资本运作》，《中国图书商报》2002 年 7 月 2 日第 14 版。

118. 渠竞帆：《从国外传媒巨头 '07 年报管窥欧美书业》，《中国图书商报》2008 年 4 月 22 日第 15 版。

119. 任殿顺：《'07 出版传媒业资本市场年度报告》，《中国图书商报》2008 年 1 月 4 日第 3 版。

120. 施普林格北京代表处：《施普林格出版公司实现书刊互连》，《中国计算机报》2007 年 6 月 25 日第 B08 版。

121. 夏敏玲：《新华传媒重组给出版发行业资本运营带来什么》，《中国图书商报》2007 年 5 月 18 日第 2 版。

122. 张隽：《辽宁出版传媒 IPO 通过 12 月挂牌交易》，《中华读书报》2007 年 11 月 28 日第 1 版。

123. 中共辽宁省委宣传部、中共辽宁省委政研室：《 一艘扬帆启航的出版业大船——关于辽宁出版集团改革与发展的调查报告》,《辽宁日报》2001 年 8 月 12 日第 1 版。

124. 江筱湖：《"泛文化"出版时代已经到来》,《中国图书商报》2006 年 12 月 22 日第 1 版。

125. 一丁：《上市一个月 伪书十几种》,《中国图书商报》2006 年 12 月 22 日第 3 版。

126. 佚名：《传统文化类图书有望上榜——访著名畅销书策划人金丽红》,《中国新闻出版报》2005 年 12 月 14 日第 6 版。

127. 韩立勇：《从十博士抵制于丹一事看传统文化普及》,《中国图书商报·阅读周刊》2007 年 3 月 13 日第 1 版。

128. 李智勇：《"于丹现象"给了我们什么启示?》,2007 年 3 月 10 日,人民网（http：//book. people. com. cn/GB/69361/5398438. html）。

129. 柴玉琳：《2009 年连锁书店关键词：突围》,2009 年 4 月 22 日,中国图书出版网（http：//www. bkpcn. com/Web/ArticleShow. aspx? artid = 081061&cateid = B0403）。

130. 李保元：《国外舆论称中国借对话之机给美国上"经济课"》,2009 年 4 月 23 日,凤凰财经网（http：//finance. ifeng. com/news/opinion/hwkzg/20081206/239729. shtml）。

131. 《美国出版业热衷中国题材图书 出版大鳄争相涉水》,2009 年 4 月 22 日,中国新闻出版信息网（http：//www. cppinfo. com/XinWen/XinWen_ detail. aspx? key = 14323&lmgl_ id = 3&ztgl_ id = 52）。

132. 《华联超市同时推出资产置换 + 现金对价的股改方案》,2008 年 9 月 27 日,股票天下网（http：//www. gutx. com/news/bkyj/277486. htm）。

133. 《辽宁出版传媒股份有限公司（601999）2007 年年度报告》,2008 年 10 月 3 日,和讯网（http：//download. hexun. com/ftp/pdf_ stock-data/2008/04/15/20601999_ 20080415_ 202001_ 513. pdf）。

134. 《辽宁出版传媒股份有限公司首次公开发行股票上市公告书》,2008 年 10 月 3 日,新浪财经网（http：//money. finance. sina. com. cn/corp/view/vISSUE_ MarketBulletinDetail. php? stockid = 601999&end_ date

＝20071220）。

135.《上海新华出版集团大事记》，2008 年 9 月 28 日，新华传媒 B2B 商务平台（http：//www. xinhua. sh. cn/jt/aboutsj5. asp）。

136.《上海新华传媒股份有限公司关于重大资产置换实施进展情况的公告》，2008 年 9 月 27 日，金融界网（http：//share. jrj. com. cn/com-info/ggdetail_ 2008-06-28_ 600825_ 661578_ stock. htm）。

137.《上海新华发行集团 49% 股权公开挂牌竞价交易成功转让》，2008 年 9 月 28 日，上海市国有资产监督管理委员会网站（http：//www. shgzw. gov. cn/gb/gzw/qyjj/gqyw/userobject1 ai30098. html）。

138.《新华传媒 2008 年度报告》，2009 年 1 月 27 日，新华传媒网（http：//www. xhoa. cn/ir_ report. asp）。

139. 杨效勇：《国企资本运作的理论与实践》，博士学位论文，天津大学，2004 年。

140. 陈相雨：《我国图书出版产业资本运营的风险规避研究》，硕士学位论文，南京师范大学，2005 年。

141. 王宏波：《论图书出版资本经营》，硕士学位论文，南京师范大学，2002 年。

142. 上海新华传媒股份有限公司各期年度报告，见上海新华传媒股份有限公司网站：http：//www. xhoa. cn

143. 上海证券交易所网站 http：//www. sse. com. cn

144. 四川新华文轩连锁股份有限公司网站 http：//www. wenxuan. com. cn，http：//www. winshare. com. cn

145. 中国出版集团网站 http：//www. cnpubg. com/space8/

146. 北方图书网 http：//www. northbook. com. cn

147. 中国出版在线 http：//www. bookicp. com

148. 中国新闻出版网 http：//www. chinaxwcb. com

后　记

当凝聚着多年研究心血和汗水的书稿付梓之际，我的心中涌动着一份欣慰、一份思考，更多的是一份感恩。

2000 年，我如愿以偿得以到武汉大学信息管理学院编辑出版专业求学。时光荏苒，如流水烟云，转眼间我在美丽的珞珈山下、东湖之滨已求学九年。落英缤纷、丹桂飘香的校园不仅伴随我走过了人生中最美好的青春岁月，而且见证了我在茫茫学涯中求知求索的苦乐历程。如果说初入武大出版发行专业尚有几分误打误撞，那么，本科、硕士和博士的驻守则是我执著的追求。

在九年的求学生涯中，我得以系统地学习出版理论知识，也时常去出版单位实习。九年来，我尝试着应用经济学、管理学、文化学、社会学等学科的理论知识和研究方法，结合出版业实际情况，系统研究出版经营管理，也取得了一些成果。2007 年，我在《编辑之友》上发表了《"泛文化"出版如何才能长盛不衰》，并在《经济导刊》上发表了《文化创意产业推动英国转型》，两文对出版企业如何在商业化运营中坚守文化本位进行了较为深入的探讨。2007 年和 2008 年，我国有多家出版企业上市，掀起了一股"上市热"，那么，上市的这些出版企业应该将募集的资金投往何处呢？针对这一问题，我在实地调研的基础上进行了一番深入研究，也取得了一些成果。2008 年，我在《出版发行研究》上发表了《施普林格：从传统出版向数字出版跨越的策略分析》，在《出版科学》上发表了《新技术环境下出版企业的数字转型》，两篇文章分别从经营业务和现代技术的角度探讨了如何投资于数字出版业务。2009 年，由于世界金融危机，我国证券市场上的传媒类股票在大幅度下降后又开始回升，同时，受金融危机最直接影响的版权贸易的逆差继续扩大，版权引进大幅度增长，这表明我国出版业对国际市场的依赖性很强，抗风险能力较差。针对这一现象，我在《出版科学》上发表了《金融危机背景下的中国出版"走出去"》一文，对我国出版企业如何开展"走出去"战略进而实现资本增值进行了初步探讨。本书就是在这些阶段性成果的基础上充实而完成的。

出版企业资本运营是近几年我们面临的新问题，国内研究相对滞后，希望本书能够对我国出版企业经营管理提供一定的借鉴。我很早就开始搜集资本运营的有关资料，但是本书的真正写作始于2008年。在这一年多的时间里，我抛弃了一切琐事，保证研究时间的全部投入，殚精竭虑，全力以赴。然而，由于时间较紧，书中可能存在一些不足，许多问题的研究还有待深入，敬请学界和业界人士批评指正，我将在以后的研究中做进一步完善。希望本书可以起到抛砖引玉的作用，期待更多同行关注出版资本运营的问题，促进我国出版业的发展。

学涯之中，能得遇恩师罗紫初教授，实属上天眷顾，每每感念，深撼心灵。先生是全国知名的出版学基础理论研究专家，胸怀坦荡，为人爽朗，对学生们的悉心指导和关怀使备受恩泽的我们感动不已。"师者，所以传道、授业、解惑也。"做先生学生的这五年，虽然只是人生长河中短暂的一瞬，但是我所学到的，远远超过了过去十多年里的自我探索。先生灵活的思维和独特的视角，常常给我思想的启迪，让我收获柳暗花明的喜悦；先生不懈的学术追求和笑对人生的乐观心态，每每给我精神的感染，使我悟出做人处世的道理。在学术上，从本科论文到硕士论文再到博士论文，先生给予我无尽的点拨和悉心的指导，倾注了大量的心血。尤其是我的博士论文，从选题、构思到写作、修改，先生一直给予坚定的支持和热情的鼓励，提出了很多宝贵的意见，提供了有价值的资料，这才使论文得以在今天顺利完成。在生活中，"师者如父"，先生和师母杨永莲女士让我们深深感受到罗门大家庭的温暖，近五年的诸多佳节我们总是在先生家中度过，这给思念亲人的异乡生活留下了温馨美好的回忆。我无以言表对先生、师母及其家人的谢意，只能以恒久不变、日久弥深的师生之情来证明。您的关爱，弟子将永远铭记在心，鞭策自己不断前进，用成绩报答您的栽培！弟子更希望能像您一样，为出版业的发展贡献力量！

"不积跬步，无以至千里"，本书的完成是对漫长求学之路的一个小结。在此，我要深深感谢所有曾给予我指导和教诲的可亲可敬的老师们。

谢谢方卿老师、黄先蓉老师、吴平老师、徐丽芳老师、朱静雯老师、张美娟老师、王清老师、吴永贵老师和姚永春老师，他们引导我进入趣味盎然的出版领域，让我见识到知识和思维的魅力！此外，要特别感谢本科班主任黄凯卿老师对我的照顾。先生严谨治学、精益求精的高尚学品将深深地影响我今后探索科研的态度。各位老师用辛勤劳动为我创造了良好的环境，让我在学术上进步，在思想上成长，研究的道路也因此走得更加平坦。

九年寒窗，同学情深。学习的过程是辛苦枯燥的，所幸能在清静幽雅的武大校园结识众多同窗和同门好友。难忘本科四年，大家一起挑灯夜读，携手夜游；难忘硕士两年，大家一同煮茶论道，意气风发；难忘博士三年，大家一块谈论时事，激扬文字。感谢武汉大学经济与管理学院金融学专业的好友陈伏豪，他既了解出版又具有金融学知识，与他的学术讨论让我受益匪浅；感谢湖南师范大学新闻与传播学院的罗新星，她聪慧的思想、豁达的性格和幽默的言谈让我终生难忘；特别要感谢睿智博识的谢清风、刘锦宏和徐进等众多同门，他们的指引使我少走了很多崎岖弯路；还要感谢众多学友，他们在单调乏味的论文写作过程中陪伴我，给我鼓励，让学习和生活变得更有意义。此外，对于那些在多年求学之路上支持和帮助我的朋友们，我由衷地献上对他们真挚的感谢！

最后，我要深深地感谢亲爱的父母，他们的爱永远是我直面人生的强大动力。他们的鼎力支持和无私关怀不仅让我在漫长的求学生涯中衣食无忧，安心读书，而且每当我面临抉择时总能引导我分析问题，升华我的人生观。骄傲时的提醒、挫折时的鼓励、成功时的表扬、失败时的安慰，这使我在人生道路上心有定力，一路向前。他们健康平安是我最大的幸福和快乐！

代 杨

2009 年 5 月于珞珈山枫园